The Surrender Experiment

My Journey into Life's Perfection

臣服實驗

麥克·辛格 著｜劉嘉路 譯

第3部 從出世到入世 113

第8部 擁抱爆炸性擴張

第9部 全然臣服

〈台灣版作者序〉

讓個人自我死去，在靈性上重生

「臣服」這個詞往往讓人聯想到「軟弱」，或是「認輸」「投降」，然而，靈性上的臣服其實正好相反。它不是向某樣事物屈服，而是有意地放棄一部分的自我。假如你放棄的那個部分對你的成功而言其實是個阻礙，學習臣服就成了一件非常有益的事。

臣服的過程始於注意到外在世界與自身內在狀態之間的關係。每當外在發生了一件事，都會在我們的內在引發一個反應。透過我們的感官進來的那個事件，導致我們的想法——往往還有情緒——有所改變。這些內在變化或大或小，但對於外在發生的事，會有某種典型反應。我們都覺察到這一點，但是當想法和情緒改變時，我們往往會跟著它們走。

一個熱中於個人成長和靈性成長的人會花時間客觀地觀察這些內在變化，以查看它們對自己有沒有幫助。不用花多少時間就能了解，這些反應性的想法和情緒絕大多數都沒什麼建設性，因此不值得把注意力放在上面。如果深入去看，你會看見正在發生的一切是因爲你那些儲存起來的過往體驗被現在的事件激發了。假如你過去喜歡某樣事物，而當下的情境激發了那個記憶，你對正在經歷的一切就會有正面想法和情緒；反過來說，如果從外面進來的事件刺激了來自過去的負面體驗，你對眼前發生的一切就會有負面感受。

這些來自從前的反應性想法和情緒，其實與現實世界正在發生的事毫無關係。但對你而言，你的內在反應看起來當然是外在經驗的一部分。心理學提到，假如我們的藍色安樂毯在我們很小的時候就從我們身邊被拿走，我們這一生對藍色毯子也許都會有強烈的正面或負面反應。事實上，那些強烈的反應可能會往外推及「藍色」這個顏色。同樣地，假如一個叫「小班」的人過去傷害過我們，遇到下一個「小班」時，我們也許會覺得跟他互動很不舒服。

很顯然，這些來自從前的反應與實際上正在發生的事沒有一點關係。它們是從過去來的幽靈，回來纏住我們。任何基於這些反應性想法和情緒採取的行動，對眼前的狀況來說永遠不會是最理想的。它們只是與當下現實沒有關連、非常個人的反應。

臣服意味著放下這些個人反應。這表示要放棄自己的那整個部分，這樣我們才能與生命現在的面貌互動，而不是它曾經的模樣。個人心智和情緒如同收音機裡的靜電干擾。靜電有什麼好的？它只會讓音樂失真而已。反應性想法和情緒也是這樣，它們會扭曲我們理解眼前之事的能力，並因此妨礙我們以最理想的方式面對所處情境的能力。

那麼，該如何放棄內在這些讓人分心的事物？這不是火箭科學，就用戒菸或改變飲食習慣的方法就可以了。一旦判定某樣東西對健康有害——或者在這個例子裡，對我們的幸福安康狀態有害——我們就學著不再參與那股能量流。不要把香菸放進嘴裡，你就不會再抽菸了；同樣地，別把注意力放在反應性想法上，它們就不會再掌控你的人生。學習做到這一點，就是靜心、正念和其他靈修方法的目的。

放棄個人自我將引人走向「偉大」。我們不只會在日常生活中變得更有能力——尤其是人際關係方面——靈性上也會發生非常強大的事。因為我們不跟這些無意義的個人反應搏鬥，內在一股豐沛的能量就被釋放了。被釋放時，那股內在能量（所謂的氣、夏克提或靈）自然地往上升。當我們內在充滿那股能量流時，就會開始感受到一陣持續向上衝的喜悅、愛，以及絕對的安康。最終，這股往上的喜悅之流會將我們提升到超脫自己之外，進入瑜伽和禪宗所說的更深層狀態。讓個人自我死去，以在靈性上重生，是終極的臣服。

關鍵在於放棄個人自我，在於臣服。

〈前言〉

讓生命事件自然引導的一趟實驗旅程

獨自坐在六人座的私人飛機裡，在一萬兩千公尺高空飛行，感覺非常平靜。我沉入冥想，心智靜止。睜開眼睛後，我吸收理解了從我最初搬進森林、獨處靜心之後，周遭狀況的巨大差異。儘管我仍然住在同樣的森林裡，我的隱居之地卻已成長爲繁榮的瑜伽社區，我也成了生命以某種方式神奇地在我周圍顯化出來的一家上市公司的執行長。如今，我非常清楚：這些人生經驗——包括經營一家這種等級的企業——帶給我的靈性解放，跟我隱居起來靜心一樣多。如同海克力斯利用河的水流沖淨奧格阿斯的牛棚一樣，強勁的生命之流也正在清除留在我身上的一切。無論我喜不喜歡眼前發生的事，我都放開雙手不抵抗。就是在這樣的心態下，我才會搭機飛往德州，代表公司與自己從未謀面的重要執行長見面，討論價值數十億美元的併購案。

思緒掠影，一九九九年五月

生命很少以我們希望的方式開展。如果我們停下腳步想一想，這話其實非常有道理。生命的範圍是全宇宙的，「我們並非眞能主宰生活」這個事實應該是不證自明。宇宙已經存在了一百三十八億年，形成我們周遭生命之流的過程並非在我們出生時才開始，也不會在我們死的時候停止。任何時候顯化在我們眼前的一切，其實眞的非常了不起，那是各種力量在數十億年間相互作用所產生的結果。對於正在周遭展現的事物，我們連一丁點影響力都沒有，但我們還是一直走來走去，試圖控制和決定發生在自己生命裡的大小事，無怪乎我們會這麼緊張、焦慮和恐懼。我們每個人眞心相信事情應該照著自己想要的方式進行，而不該是所有力量創造出來的自然結果。

每一天，我們讓自己的思緒凌駕展現在我們眼前的現實之上。我們習慣這樣說：「今天最好不要下雨，因爲我要去露營。」或是：「我最好加薪成功，因爲我眞的很需要那筆錢。」請注意，**這些「應該」或「不應該」的放肆宣言都不是建立在科學證據上，而是單純基於我們內心的個人喜好**。面對生活中的一切，我們都用這樣的基準做事而不自知，彷彿眞的相信周遭的世界應該根據我們的「喜歡」或「不喜歡」來展現；如果不是如此，那肯定有什麼地方出了大錯。這樣過日子非常辛苦，而這就是爲什麼我們總是覺得自己在跟生活搏鬥。

然而，面對展現在周遭的事件，我們並非無能爲力，這也是眞的。我們天生就有意志力，可以決定自己想要事情以什麼模樣呈現，並運用身心靈的力量，試圖讓外在世界遵從我們的意志。不過，這讓我們陷入一場持久戰：「事情按照我們的意願呈現」對上「事情不受我們干涉，以它該有的樣貌展現」。這場個人意志與周遭的生活現實之間的爭戰最終只會消耗我們的生命。贏得戰役時，我們感到快樂、安心；輸了，就會覺得煩躁、焦慮不安。既然大多數人唯有在事情按照自己的意思發展時才覺得開心，我們就會不斷嘗試控制生活中的一切。

問題是，我們一定要這樣過活嗎？有太多證據顯示，生命可以自行運作得很好。各行星在軌道上運行，小種子長成大樹，種種天氣型態讓全球的森林數百萬年來持續有雨水澆灌，而一個受精細胞會長成漂亮的嬰兒——這些事情並非我們個人意志的有意識行爲，而是由生命本身不可思議的完美執行的。這些令人驚歎的事件，以及其他更多數不清的事，都是透過已存在幾十億年、生命的種種力量實現的，而我們每天有意識地以自身意志與之對抗的，正是這些力量。**如果生命過程的自然開展可以創造並照顧整個宇宙，我們還假設除非自己強加外力，否則不會有好事發生，眞的合理嗎？**這本書要探索的，正是這個有趣的問題。

世間怎麼可能會有比這更重要的問題？如果生命可以自行顯化DNA分子，更別說還創造了人類的大腦，我們又怎麼會覺得必須靠自己掌控一切？一定有個更明智合理的方法可以處理我們的生活。舉例來說，如果我們尊敬生命之流，並運用自由意志來**參與**它展現的一切，而不是與之**對抗**，會發生些什麼？呈現出來的生活品質會是什麼面貌？會僅僅是毫無順序或意義的偶發事件集合，或者，在宇宙其他部分呈現的完美秩序與意義，會同樣展現在我們周遭的日常生活中？

這裡提供一個基礎，來進行一項了不起的實驗。實驗的核心是個簡單的問題：我是應該在心裡架構一個替代性現實，用來與現實抗爭，好讓它照我的方式進行，或者最好捨棄自己的想望，順服已創造出我周遭整個完美宇宙的現實力量？**這項實驗不在於脫離人生，而是要跳入生活裡，住在一個不再被我們的恐懼和欲望掌控的地方。**由於想不出更好的名稱，我叫它「臣服實驗」，且窮盡自身之力，在過去四十年的歲月中觀看生命事件形成的流動自然地把我帶向何處。這四十載生命進程裡發生的事可說相當不尋常，大小事情不僅沒有土崩瓦解，而且大大相反——一件事自然引發另一件事，生命事件之流引導我走上一趟超出我理解範圍的旅程。這本書就是要分享這趟旅程，讓你可以體會到，當一個人敢於鬆開手並相信生命之流時，接下來會發生些什麼。

然而，我一開始就要說清楚，本書提到的「臣服」並不是說要過一種毫無意志主張的人生。我這四十年來的生活單純就是一個「讓生命帶領意志主張，而非由我掌控人生走向」的故事。我個人的經驗是，當個人意志和周遭的自然力量密切合作時，會導致出乎意料的強大結果。

想要分享這項偉大實驗的成果，唯一有效的方法便是讓你看見我是如何被拉進這樣的生活方式，然後讓你去體驗我走過的旅程。在接下來的故事裡，你會看見一連串生活經驗，這些經驗跟你的可能非常不同。而我之所以要分享，是因爲身爲人類的我們具備從彼此的經驗中學習的卓越能力，你們不一定要過著和我一樣的生活，才能被發生在我身上的事情影響。在我眼前開展的種種意外事件不只改變了我的人生，也改變了我對生命的整個看法，並留給我一種深層的內在平靜感。希望藉由分享我的臣服實驗，能夠鼓勵你去尋找更平靜和諧的生活方式，並且更能體會我們周遭世界那令人驚歎的完美。

第1部

生命有了不一樣的發現

1 讓我人生徹底改變的一聲低語

第一次「看見」自己心智忙碌的模樣

我的全名是麥克．雅倫．辛格，就我記憶所及，每個人都叫我米奇。我出生於一九四七年五月六日，一九七〇年冬天以前過的生活非常普通平淡。然後，一件非常重大的事發生在我身上，從此永遠改變了我生命的方向。

改變生命的事件可能非常戲劇性，以及，就其本質而言，非常容易引發混亂。你整個人在身體、情緒和心理上都往某個方向前進，那個方向擁有你過去所有的動力，以及你未來的所有夢想。接著突然間，大地震、重大疾病或一個機會迎面橫掃過來，讓你整個人大受震撼。如果這起事件力量強大到改變你心智的焦點，你接下來的人生到時候也會改變。經歷一場真正改變生命的事件後，你再也不是同一個人了。你的興趣改變了，目標改變了——事實上，你生命的根本目的改變了。要讓你如此用力轉向，不再回頭看，通常需要非常強大的事件。

但也不一定。

至少，一九七〇年冬天發生在我身上的事情就不是這樣。那件事其實很隱約、很微小，稍不留心便會忽略掉。將我的人生拋進巨大騷動和轉變中的並不是一陣高聲呼喊，而是一聲低語呢喃。自那改變生命的一刻發生之後，四十多年過去了，但我仍清楚記得那一刻，彷彿昨天才發生一樣。

我那時住在佛羅里達州蓋恩斯威爾市，事情發生那一天，我坐在自家客廳沙發上。當時我二十二歲，娶了一個美麗的女孩雪莉。我們兩人都是佛羅里達大學的學生，我正在修研究生課程。我是相當機敏的學生，被經濟系系主任指名要爲以後成爲大學教授做好準備。雪莉有個哥哥朗尼，是芝加哥相當知名的律師。我和朗尼來自完全不同的世界，卻結爲親近的好友。他是手握大權、追求財富的大城市律師，我則是六〇年代的嬉皮大學生。值得一提的是，我那時很講究數據分析，大學時期從未修過哲學、心理學或宗教類課程。我在學校選修的是符號邏輯、高等微積分、理論統計學之類的課，這讓發生在我身上的事更顯得不可思議。

朗尼有時會南下來看我們，我跟他往往就是聚在一起閒聊。事實上，一九七〇年那個決定我往後命運的日子，朗尼就坐在我家客廳的沙發上。我不記得兩人那時到底在聊什麼，但我們的閒聊出現了一陣沉寂。我注意到自己對這靜默感到不自在，並且發現我正在思考接下來該說些什麼。之前我多次遇到類似的情況，但這次有某個地方很不一樣。我不是單純覺得不自在，努力想找些話題來聊，而是**注意到**自己感覺不自在，想要找話題來聊。這是我生平第一次「觀看」自己的心智活動和情緒，而不只是「感受到」而已。

我知道要把這個發現用文字表達出來很不容易，但「我的心智」和「我」之間有一種完全分離的感覺——我焦慮的心智努力吐出各種可能的聊天話題，我則是清楚覺察到自己的心智正在做這件事。這就像是我突然能夠停留在心智上方，安靜地注視著各種想法被創造出來。信不信由你，這種覺知所在的細微轉變，成了重新安排我整個人生的龍捲風。

你可曾注意腦袋裡有個聲音在說話？

有一會兒，我只是坐在那裡向內觀看自己試著「修補」尷尬的靜默。但我不是那個忙著修補氣氛的人，而是安靜注視自己的心智努力從事修補活動的那一個。一開始，我和我正注視的景象之間只有些微程度的分離，但隨著每一秒過去，那個間隔似乎越來越大。我並沒有做任何事情造成這種轉變，我只是「在」那裡，注意到所謂的**我**不再包含正經過我眼前的神經質思維模式。

這整個「覺察到」的過程幾乎是瞬間發生的。這就像是你凝視著那種畫中有畫的海報一樣，起初你只看見由各種線條組成的圓形，接著突然間，你看見一整個3D影像從原本似乎一團混亂的東西裡浮現出來。一旦看見了，你不得不納悶自己先前怎麼沒看到，影像明明就在那裡！我內在發生的轉變就是這種。那影像如此明顯——我就在那裡注視著自己的想法和情緒。其實我一直都在那裡看著，但以前太「無覺知」，以致沒有注意到。我好像一直太專注於那些想法和情緒的細枝末節，所以從未把它們當作只是想法和情緒。

僅僅幾秒鐘的時間裡，原本看起來像是可以打破令人不自在的靜默的重要解決方法，現在聽起來就像有個神經質的聲音在我腦袋裡說話。那個聲音努力尋找下面這類聊天話題時，我只是注視著：

這陣子天氣挺不錯的，對吧？

你有聽說尼克森前幾天做了什麼事嗎？

你想不想吃點什麼？

當我終於開口出聲，我說的是：

「你可曾注意到，你的腦袋裡有個聲音在說話？」

朗尼有點困惑地看著我，然後眼睛裡閃現一抹光。他說：「嗯，我明白你的意思。我腦袋裡那個聲音老是說個不停！」我清楚記得自己還趁機說了個笑話，問他如果聽見其他人的聲音在腦袋裡說話會是什麼景象。我們兩人笑了起來，而生活如常繼續。

不過，**我的**生活就不是這樣了。我的生活不只是「如常繼續」，而是生活中的每一件事都不再相同了。我不必努力維持這份覺知，我現在就是這覺知。我是看著川流不息的思緒流經心智的那個存在。而從相同的覺知所在，我注視著不斷改變的情緒流經我的心。洗澡時，我看見腦袋裡的聲音叨叨說著我應該開始清洗身體了；和人說話時，我看著那個聲音只顧琢磨接下來該說什麼，而不是專心聽對方說話；上課時，我注視自己的心智玩著「試圖搶先教授的思緒一步，看看能否知道教授下一句要說什麼」的遊戲。不需要我多說，沒過多久，這個新發現的「腦袋裡的聲音」就開始惹毛我了。那就好像看電影時旁邊坐了個嘴巴一直講個不停的觀眾。

觀察那個聲音時，我內在深處有某樣東西很想要它閉嘴。如果它不再說話會是什麼樣子啊？我的內在開始渴望寧靜。初次的體驗發生之後幾天，我的生活模式有了轉變。朋友來找我聊天時，我不再樂在其中。我想讓自己的心智安靜下來，而社交活動對這一點沒有助益。我開始找理由告退，溜到住家附近的森林裡。我在林間空地坐下來，叫腦袋裡的聲音住嘴。當然，這方法不管用。似乎沒有任何方法行得通。我發現自己可以改變它的話題，但沒辦法讓它安靜個一、兩秒鐘。我對內在寧靜的渴望變成一股熱情。我知道看著那聲音聒聒不停是什麼樣子，但不知道它若完全停下來會是什麼模樣。而我當時也想像不到，自己即將走上一趟改變生命的旅程。

2 我想知道那個「我」是誰

探究腦袋裡的聲音

年輕的時候，我就很喜歡探索事物是如何運作的了。無可避免地，我善於分析的心智急切想要了解自己和腦袋裡那個聲音之間到底是什麼樣的關係。然而，在我能夠享受這種腦力激盪之前，我得先克服這聒聒不斷的心智已然要將我逼瘋的事實。看見任何事物，我腦袋裡的聲音就會做出各種評論，像是：我喜歡這……；我不喜歡那……；我對於這……不是很自在；這讓我想起了……隨著自己越來越習慣觀看這一切，有些問題自然也浮現出來了。首先，那聲音為什麼老是喳喳個不停？如果看見某樣事物，我馬上就「知道」自己看見了，那聲音為什麼還必須告訴我，我看見了，以及我對那樣事物的感覺呢？

瑪莉往這裡走過來了。我今天不想見到她，希望她還沒看到我。

我知道自己看見什麼，知道自己的感覺。畢竟，我是那個在這裡看見事情、感覺到情緒的人啊。它爲什麼非要在我腦袋裡說出來呢？

另一個浮現的問題是：這個持續注意到所有心理活動的**我**到底是誰？這個可以完全超然、客觀，只看著思緒升起的**我**到底是誰？

關於新近發現的那個腦袋裡的聲音，我的內在現在興起了兩股動力——一個是想讓那聲音閉嘴的欲望，另一個則是單純的迷戀與渴望，想要了解那聲音是什麼、來自哪裡。

我前面提到，在這內在的覺醒出現之前，我的生活相當平淡無奇。這是跟我之後的生活比較而得的結論。我變成一個時時都感受到迫切感的人，想要知道跟那聲音有關的事，想要知道我是誰——那個在內在體驗到這一切的自己。我開始花好幾個小時在研究所的圖書館裡，不是在經濟學書籍區流連，而是在心理學區。不可能沒有其他人注意到自己腦袋裡有說話的聲音，它聲勢大到不可能錯過而不知。我瀏覽佛洛伊德的著作，試著找到我那些問題的答案。我讀了一本又一本的書，卻找不到任何跟腦袋裡的聲音直接相關的資料，更別提有任何參考文獻談到有人察覺那聲音在說話。

那陣子，我會跟任何願意聽我說話的人聊「腦袋裡的聲音」，他們一定都認爲我瘋了。我還記得自己巧遇一位非常含蓄、有教養的西班牙文教授的情形。某天的下課時間，我碰巧遇見這位教授，興奮地告訴他，我終於明白流暢使用一種語言到底是什麼意思。我對他解釋，人的腦袋裡有個聲音會不斷對你說著各種事情——你喜歡的事、你不喜歡的事、你現在應該做什麼事，以及你過去做錯了哪些事。如果那個內在聲音可以說西班牙文，而你又能立刻明白它在說些什麼，那麼你的西班牙文就很流利；然而，假如你不懂西班牙文，非得在心裡翻譯一遍，好讓那個聲音用英文複述，那麼你的西班牙文就很不流利了。對我來說，這非常有道理。我還告訴他，如果我主修語言研究，就會以此作為博士論文的前提。不用說，我的西班牙文教授露出非常怪異的表情，說了些非常客氣委婉的話之後，便轉身離開了。

我不在乎他對我的想法。我已經開始探險，走上了一趟超過自己想像的學習之旅。我對自己的認識一天天加深，不敢相信腦袋裡的聲音可以傳達出這麼多自我意識和恐懼。顯然，我在內在注視的這個人非常在乎其他人是怎麼想他的，特別是那些我非常熟悉的人。那個聲音告訴我該說什麼、不要說什麼，當事情的發展跟它想要的不一樣，它便不斷抱怨。如果跟朋友的對話到最後有些不愉快或起了小爭執，整場對話便會在我腦袋裡持續下去，我會看著那聲音一廂情願地想像先前的對話應該如何結束才正確。我可以看見許多擔心自己不被接受、被拒絕的恐懼透過那樣的心理對話表達出來。這有時讓人難以忍受，不過我從未失去看著內在一個聲音在說話的洞察力。很明顯地，**它不是我，而是某個我正在注視的東西**。

想像一下，你某天起床後發現身邊有個刺耳噪音，想要它停下來，卻不知道該怎麼做——我腦袋裡的聲音對我的影響就是如此。有件事很清楚：那個聲音以前就說個不停了。但是，我一直迷失其中，以致從未注意到它跟我是分開的。這就像是一條魚直到離開水，才知道自己身在水中。躍入空中之後，那條魚立刻意識到：「下面有一大片水，我一直待在那裡，但現在我知道，我可以跳出來。」

我不喜歡心智的聲音一直說個不停，它就像個惱人的噪音，我真的很想要它停下來。然而，它就是不閉嘴。我目前被它困住了，但事實上，我尚未開始搏鬥。

3 一本禪書帶來的震撼

開始練習靜心

幾個月過去了，我仍然獨力進行內在探索，絲毫不知道助力即將意外到來。

我有個博士班同學叫馬克．華德曼。他是個聰穎的年輕人，熱中閱讀，涉及的層面相當廣泛。馬克跟其他人一樣，聽我提過自己對腦袋裡的聲音有興趣。一天，他帶給我一本書，覺得可能對我有幫助。那本書叫《禪門三柱》，作者是菲力普．凱普羅。

我對禪宗的認識有如一張白紙。我屬於那種從不注意宗教事務的知識分子，從小在猶太家庭長大，卻不是虔誠的信徒。上大學之後，宗教已經不在我的生活中扮演任何角色。如果你問我是不是無神論者，我很可能會茫然地看著你，因為我從沒想過這方面的事。

我開始翻閱這本說禪的書，不過幾分鐘，事情很明顯了：這本書就在談那個聲音。我的心跳眞的停了一下，幾乎喘不過氣來。這本書很清楚地在談論如何讓那個聲音不再說話，一頁一頁地說著如何讓心智安靜下來，用了「心智背後的**眞我**」之類的詞。毫無疑問，我找著了自己在尋找的東西。我知道一定有其他人已經獲得那個洞察力，可以注視心智的聲音，而不是認同它。這本書不僅記載了幾千年來和那聲音有關的知識傳承，還清楚討論到「出離」，談到擺脫心智的掌控，談到**超脫**。

無須多言，我深感敬畏。我對這本書產生一種敬畏之心，那是我以前從來不曾對任何事物有過的感覺。在學校念書時，我被迫閱讀、研讀大量書籍，此刻我手心裡卻捧著一本書，可以爲我解答一些眞正的問題，例如注視著那個聲音說話的**我**是誰。這些是我強烈想要知道答案的問題——事實上，「想要」遠遠不足以形容，我「需要」知道這些答案，因爲腦袋裡的聲音要把我逼瘋了！

《禪門三柱》說的東西非常清楚，也很明確。它要你停止解讀、談論及思考和你的心智有關的一切，只要盡力讓它安靜下來。而需要做的事情也很清楚：靜心。

在聽說「靜心」這個詞之前，我已經試過自己一個人坐著，好讓那聲音停止說話。但這對我毫無作用。有了這本書，我學到一個數千人試過都證明有用的方法：找個安靜的地方坐下來，看著自己的氣息一進一出，心裡重複默念「哞」的音。就這麼簡單。接下來，逐日增加做這個動作的時間長度。在禪宗裡，通常是一群人一起「坐禪」，然後一位受過訓練的人會持著一根「香板」四處走動，如果有人開始打盹或喪失專注力，這人就會用香板在對方肩膀上打一下。禪宗相當嚴格，不是讓人胡鬧著玩的。這種形式的禪宗是很嚴肅的工作。

我沒有共學團體或導師。我擁有的就是這本書和一股誠摯的渴望，想知道這些修行能否帶領我到我想去的地方。因此，我開始靠自己進行禪宗的靜心，至少這是我對禪宗靜心的最佳認識。一開始，我每天打坐十五到二十分鐘；不到一星期，我就把時間增長爲一天兩次，每次半小時。沒有什麼激烈情緒或深刻的體驗，不過專注在自己的呼吸和持咒上，明顯把我的覺知從聒聒不休的聲音那裡轉移開來。如果我讓腦袋裡的聲音念「哞」，它就沒辦法像平常那樣說些瘋狂的私事。我很快就喜歡上這個練習，非常期待自己一天兩次的靜心時間。

我開始進行禪宗靜心不過幾星期，雪莉和我就決定來一趟露營之旅。有四位朋友加入我們，一行六人開著旅行拖車，結伴到歐卡拉國家森林保護區度週末。我有一輛福斯的露營車，因此安排週末的小旅行相當容易。不過，這次的出遊最後不只是另一次露營之旅，而是注定在我後半輩子造成深遠影響。

我們在森林裡找到一個面對一塊原始濕地的隱蔽之處。把車輛停妥後，衆人便被這地方的寧靜和美麗驚呆了。我突然想到，這會是個靜心的好地方。儘管只是新手，但我對於靜心練習，以及弄清楚腦袋裡的聲音眞的停下來會是什麼情形，是非常認眞的。我問雪莉和朋友們介不介意我花些時間獨處，沒有人反對，我便沿著長滿草的湖邊信步而行，找到一處不錯的地點坐下來。這整個靜心的念頭對我來說很有意義，從一開始就像個神聖體驗。我挑了一棵大樹，坐在樹下，就跟佛陀一樣。然後，我非常戲劇化地告訴自己，*沒有開悟之前，我絕不站起來。*

那天在樹底下發生的事如此強大，此刻光是想起來，我的身體都會顫動，眼睛也開始湧出淚水。

4 我徹底消失了

體驗到絕對的寂靜

我交疊雙腿，呈蓮花座姿勢。我知道自己沒有熟練到可以長時間維持這個坐姿，不過我覺得最好還是從正式的靜心姿勢開始。我挺直背脊和脖子，開始專注於呼吸時腹部的擴張和收縮。那本禪書教我從下腹部發出「哞」的聲音，也就是肚臍下方的位置。我看著自己的氣息從那裡進去、出來。

我打算花比先前更久的時間打坐，因此運用意志力，格外努力、眞誠地專注其上。這一定產生作用了，因爲我比以往更深入內在。專注於腹部呼吸的動作似乎創造出一股力量，把從我鼻孔呼出氣息這件事和我腹部的內在動作連結起來。每當我緩慢地將氣息從鼻子呼出去，都可以在整個下腹部區域感受到一股溫暖迷人的感覺。那種感覺如此美好，讓我的注意力自然集中到那裡。有好一會兒，我就這樣沉浸在這個體驗的美好之中。

一段時間過後（我也不知道過了多久），腦袋裡的聲音開始說著這個體驗有多美妙、這一定就是眞正的靜心之類的。既然我的覺知被拉到腦袋的聲音那裡，自然無法專注在呼吸上。這次的靜心體驗似乎已經走上它的自然進程，我開始回復正常的心理狀態了。

但是，這次的靜心應該要不一樣才對。我先前告訴自己，沒有突破，我絕不站起來。因此，我固執地重新把注意力放在腹部的呼吸動作，以及「哞」的聲音上。我再度沉浸於那股把我的呼氣和下腹部的溫熱感連結在一起的溫熱流動力量，最後，我對自己身體和周遭環境的所有意識都消失了，只察覺到一股溫暖的能量流毫不費力地在我腹部正中央增長、擴張。我不在那裡，那裡只有能量的流動。

偶爾，我的自我覺知感會短暫漂回我的注意力之中。一出現這種情形，我便會固執地專注於呼氣的感覺，以及腹部的動作——然後，我立刻又不在那裡了。這種在深層狀態漂進漂出的體驗持續了相當長的時間，或許有好幾個小時吧。

在其中一次自我覺知回來的時刻，我一定在某個瞬間失去了重新聚焦的意志力。我已經進入一個很深、很平靜的地方，但我開始回到意識層面。我不知道自己到底坐了多久，但我首先覺察到的便是雙腿的疼痛——兩條腿因爲長時間維持蓮花座姿勢而疼痛不堪。心智的聲音還沒回來，我只是在那裡，有些茫然，但這份體驗讓我感受到平靜，也深深迷住了我。我猜想自己會持續回復清醒，但一件驚人的事情發生了。我的覺知感集中處的後方傳來一個響亮如洪鐘的聲音，以嚴峻的口氣說道：「**你想不想知道超脫你之外的是什麼？**」

這不是我腦袋裡那個自己早已習慣與之奮戰不已的聲音。打從我第一次注意到那叨叨不停的聲音，它就是從我內在的前方和下方出聲的，這新出現的呼叫聲卻是從我的覺知感目前所在位置的後方和上方發出來的。無論如何，它提出的嚴峻挑戰動搖了我生命深處。我不覺得自己需要回答這問題，因爲我整個人的每一部分都渴望更深入。於是，我吸了一口氣，然後把自己深深推進呼出去的那口氣中，我消失了。

當我的自我覺知感再度開始凝結，我對於「存在」的體驗跟以往體驗過的任何事物都很不一樣。我感覺到腿部的疼痛，但雙腿在很遙遠的地方，而那份痛帶著一種溫暖與美。當我重新在某種程度上覺察到自己的身體時，我試著把頭稍微往前傾，結果什麼都沒有動，彷彿我的前額抵在一堵牆上。有個非常結實的東西正在阻止我的頭往前傾，稍稍動一下都不行。我馬上就領悟到，我百分之百的專注創造了一股明確的力量，從我的前額往外流出去，再彎回來，回到我把專注力集中其上的下腹部那一點。我知道這聽起來一定相當怪異，但它感覺就像個強大的磁力場，我根本毫無對抗之力。

這並不是我唯一體驗到的強大能量。我一直以蓮花座姿勢坐著，雙手擺放在交疊的雙腳上，這樣的姿勢讓我整個手、手臂和肩膀形成一個閉鎖的圓。現在，這個完整的圓變成另一個力場，我無法往前或往旁邊移動，被鎖在我只能以「垂直能量流」來形容的東西裡。只要我一呼氣，能量流就變得更堅實強大。這整個體驗實在太迷人，以致我並未真正重新覺察到周遭的一切，只能看見自己的身體被這些能量流壓制住了。然後，我再次聽見那個聲音：**「你想不想知道超脫你之外的是什麼？」**

我立即深吸一口氣，然後帶著強大的意念慢慢將那口氣從鼻孔呼出去。呼出的氣息推著磁力場，似乎創造了往上升的力量。那股向上和向內的推力開始逼迫我進入一個更深層的地方，遠超出任何自我覺知感可以到達之處。隨著再一次吸氣、吐氣，我徹底消失了。

進入不受擾動的寂靜之中

或許你想問我到哪裡去了。這問題很合理，我卻無法回答。我只知道，每一次回到意識層面，我都被提升到比之前離開時更高層的狀態。當我下一次從空無一物之處回來時，每件事物都變得很不一樣了。我對於回到意識層面沒有一絲抵抗，也沒有任何想要保持那種高層狀態的急迫感。我只感覺到平靜，極度的平靜；還有絕對的寂靜，沒有任何事物可以擾亂的寂靜。一切都是靜默的，也許這裡從來不曾有過任何聲音。感覺就像在外太空，沒有大氣，所以不可能有聲音出現。聲音需要介質來傳遞，而我返回的地方沒有這種介質。我真正在體驗寂靜之聲。

最重要的是，這裡沒有說話聲，連「那個神聖的地方如果有喋喋不休的聲音會是什麼樣子」的記憶都沒有。聒噪聲消失了，一切都消失了，留下來的只有對存在的覺知。我只是存在，僅此而已。這一次，沒有嚴峻的呼叫聲要我超脫。該是回到意識層面的時候了。

開始覺察到周遭狀況時，我注意到的第一件事，是自己稍早體驗的那股外在能量流已經內化了。我現在感覺到一股非常美好的能量流沿著脊椎往上，來到前額正中央。以前我從來沒有這種體驗，我所有的覺知幾乎都被拉到那一點。與此同時，我的雙腿仍然疼痛不堪，卻算不上是問題，那只是對痛楚的安靜體驗。腦袋裡沒有抱怨，沒有要怎麼處裡這狀況的叨絮對話，只有覺知，和它覺察到的一切完全和平共處。

我設法移動手臂，好讓雙腿從蓮花座的姿勢打開來。兩條沉重的腿毫無反應，因此我側身躺了一會兒，直到兩腿恢復過來。躺著的感覺非常平靜、非常自在。最後，我睜開眼睛，慢慢進入眼簾的，是我以前從沒見過或夢過的景象。眼前的濕地就像一幅日本畫，流露出柔和寧靜的氛圍。高高的綠草在微風中搖擺，但搖擺中透著寂靜的意味。每樣事物都如此安詳、如此寧靜。綠樹很安靜，雲朵很安靜，湖水也很安靜。大自然的動作中存在著絕對的寂靜。我的身體很安靜，完全沒有任何思緒。我可以就這樣躺著，融入包圍著我存在感的平靜之中。

等到我終於站起來，身體的動作讓我覺得很不熟悉。我從來不是個舉止優雅的人，明顯不是跳舞的料，但現在，我身體的每個動作看起來都像在跳芭蕾。手臂擺動時，展現一種優雅的流動感；等到我開始走路，更能真正看見差異。每踏出一步，我都可以感受到雙腳肌肉的每個微小動作。我從一步自然流動到下一步，移動本身就很迷人。

最令人驚奇的是，這樣的狀態維持了好幾星期。我那天稍後和朋友會合時，這狀態並未改變。我覺得不需要解釋或描述我獨處的兩、三個小時裡發生了什麼事。我幾乎說不出話來，每樣事物都如此美好、寧靜。這份安靜，這絕對的安靜，即使外界的聲音都無法擾亂這份寂靜。聲音就在外面那裡，卻似乎離我於內在所處之地相當遙遠。厚實的平靜形成一條護城河，不允許任何事物進入我高層狀態築成的城堡。

5 絕對平靜到絕對混亂

嘗試擺脫「個人自我」

雪莉和我從週末的露營之旅回到家來，我卻沒辦法認同自己原本的生活。幾個小時內，我已經徹底改變了。我內在的正常狀態已經轉變爲一種絕對清明的狀態。一開始那幾天，沒有任何欲望或恐懼可以觸及我，就連思緒也在到達我覺知所在之處前就消失了。我只記得自己那時體驗到一股強大而堅定的專注意念：我絕對不要離開這種狀態。無論如何，我都不允許任何事物把我帶離這個地方。腦袋裡的聲音不必跟我說這一點，那就是我之所是。我不再是米奇．辛格，我絕不會背叛這份平靜，或是允許任何事物擾亂這超然的寂靜。

我就像個小孩，必須從頭學習一切。我必須學習以符合這份平靜的方式吃東西；我以前會抽大麻，現在完全停止了。我的狀態如水晶般清澈，完全不想沾到一點汙礎。我必須學習在上課和考試的同時，保持全然的專注；我在念博士班，拿的是全額獎學金，我必須學著在不擾亂這份平靜的情況下，運用自己的智力——我現在愛這份平靜勝過生活本身。

接下來的幾星期，我覺得自己彷彿重生了。我發現自己渴望回到那個超脫之處；事實上，每一次坐下來靜心，我都會被拉回去，進入一種高層狀態。我內在的某塊薄紗已被扯開，現在要回到那種狀態可說相當自然，穿行無礙。我開始在凌晨三點醒來，好進行長時間的靜心；白天只要有機會，我隨時隨地都會打坐。我的生活只留一小部分給外在世界，我眞正在做的，是學習留在內在深處，讓外在生活自眼前流逝，而不去打擾我的平靜。

然而，我沒辦法長時間保持超脫，經過兩、三個星期，無懈可擊的內在平靜開始出現裂痕。這些裂痕使得腦袋裡的聲音可以潛回來，進入我寂靜的聖殿。我奮戰著不讓它回來，噢，天知道我有多努力，但「奮戰」本身與絕對寂靜就不協調了。我什麼都沒辦法做，只能無助地坐在那裡，看著「超乎我夢想之地」屈服於我喧鬧的內在狀態。我從沒想到自己可以嘗試離開外在的生活方式，以維持內在的寂靜，要到稍後我才開始這樣努力。

儘管內在深處的平靜開始消失，我從未完全回到我的正常狀態。即使在個人心智和情緒開始捲土重來時，我仍然處在它們背後，而且比從前後面得多。此外還有另一個大轉變：我現在正體驗到有一股持續不斷的能量流在我之內升起，上升到兩眉中央那一點。這形成一道壓力渦流，迫使我專注於那一點。舉例來說，如果我正在注視某樣事物，感覺好像我是透過額頭集中目光，而不是眼睛。這並不影響我看東西的能力，只是讓我可以隨時更接近靜心狀態。要注意的是，聚焦於能量流不是我「做」的事，它是自行發生的。我只是覺察到，那股能量流以前從來不在那裡，如今它一直都在。

把我的注意力拉到眉心的力量成了我的導師和朋友。當我腦袋裡的聲音有話要說時，我現在有選擇了：專心聽那聲音說話，或是持續專注於內在的能量流。我終於明白，如果不想聽腦袋裡那聒聒不停的聲音，我要做的就是稍加專注於流到眉心的能量流就行了。這樣，那些思緒便會自行流逝，不會打擾我。讓種種念頭離開對我來說成了一種遊戲，生活中的一切比從前更輕盈了。我個人的肥皀劇還是會上演，但沒辦法再把我拉進其中。我得到這股內在能量流，幫助我脫離我自己。更重要的是，我現在知道擺脫我的「個人自我」會是什麼樣子。我的意念堅定，無論要付出什麼代價、花多久時間，我都要找到方法回到超脫之處。

在隱居生活中尋求超脫

然而，沒過多久，我生活中的外在改變出現，挑戰了我正在經歷的內在變化。是從雪莉開始的。有一天，她告訴我兩人應該往前看了。這話讓我十分震驚，儘管我們只結婚一年半，但我的個人生活多年來都是圍繞她建造起來的。我試著挽留她，結果仍是徒然，但在某一刻，我看見了自己以前從未能看見的事：我個性和才智上的絕對強硬沒有提供她需要的喘息空間。如果我眞的愛她，就應該放手讓她離開。就在那時候，我有個朋友需要有人在他外出期間幫忙看家，因此我搬進他的住處，開始修補一顆受傷的心。

外在生活突來的變化對我的內在工作有深遠影響。我已經完全投入規律的靜心之中，探索極度平靜的內在狀態成爲我生命的目的。現在，我又得到一個強大的靈感來源：我正注視著一個男人承受幾乎無法忍受的苦痛。我的心不斷流露出痛苦，我的心智破碎了。這就好像我的自我概念根基被移除了，於是，我的個人自我成了自由落體。我不知道如何再把這一切湊在一起，也不想這麼做。

如果我在靜心時非常專注，所有的混亂會逐漸消散。寂靜與平和出現了。這份寂靜不若以前那麼厚實，但提供了我一個小憩的地方。等我從靜心中返回現實，就回到了痛苦與混亂裡。因此，我每天不是待在天堂，就是落入地獄，不再有中間地帶。我存在的「正常」方式已然消失，一下子，我不再是「以往的我」。

我選擇靜心的時間越來越多，這不僅是一條逃離痛苦的途徑，也讓我的生命有了意義。我致力於永遠超脫，生活中的變化則幫助我甩開我存在中一整個拖住我、讓我無法前進的部分。那個透過心智聲音表達自我的人格，對他自己已經不再如此肯定。事實上，他不再知道出口在哪裡。這些外在變化使他懂得謙卑，他原以為自己把所有事情都想透了——嗯，他錯了。趁他裂成碎片時放手讓他離去，肯定比較容易。

在那個成長階段，我密切觀察自我概念試著重新定義自己。我的思緒開始想像自己是個正在尋找更深層眞相的靜心者，而不是一個有明確職涯道路的已婚男人。

但即使在早期那些日子裡，我也不想依靠另一個對「我自己」的心理概念重新獲得力量。每當發現一些想法被編織起來、好創造一個新的「我」，我便從底下將它們狠狠擊落。這過程很痛苦，但我願意讓這個「我」離開，只要他放我去探索超脫之地。

我的朋友結束旅程回家了，我便搬了出來。我不在意自己要住哪裡，我需要的就是獨處。我的生活相當簡單：靜心、做瑜伽，偶爾去上課；除了學校書籍、一些衣物和福斯露營車外，別無其他財物。我習慣開著車長途旅行，到蓋恩斯威爾周邊的鄉間走走。我曾經在鄰近城鎮的森林裡發現一個美麗的地方，那裡有個廢棄的小石灰坑，坑裡充滿清澈如藍水晶的水，周遭的廣大區域則長滿橡樹和松樹。我開著車子到了那裡，決定在那裡生活。

我越來越像個隱士。倒不是想逃離什麼，比較像是我想要跑進我自己裡。我的意念一直很清楚：我想回到自己的內在深處。而我的問題在於，我不知道如何處理「個人自我」——也就是「米奇」。他的存在拉住我，讓我無法前往自己一心想去的地方。如果不解決這個問題，我的注意力便會一直被拖進他個人的肥皂劇中。這跟我嚮往的地方絕對是背道而馳。「米奇」是向外、向下的，「我」則想要往內、往上走。那些日子裡，我很確定一件事：米奇是個問題，他必須離開。我非常嚴肅地看待擺脫他這件事，卻不知道該怎麼做。

6 前往邊境之南

看見生命的禮物

一九七一年的夏天接近了，我很快就可以不必再去上課。這是我研究所第二年，雖然不是那麼規律地出現在課堂上，我仍然設法保持優異的成績。我花在念書的時間足夠讓我在期末考和論文上取得好分數，因此我可以放心在夏天做自己想做的事——花更多時間靜心、做瑜伽。唯一的問題是：我要在哪裡做這些事？

這可能是我生平第一次有意識地開始注意到，展現在我面前的生活事件其實有個不斷重複的明顯主題。這一切是從我一位同學突然問我有沒有去過墨西哥開始的。他說那地方很有趣，可以花些時間待在那裡。之後沒多久，我在書店閒逛時，被一本某人放在地板上的墨西哥旅遊書絆倒。這讓我開始考慮或許自己應該離開一陣子，而墨西哥可能是個不錯的選擇。最後一個決定性因素出現在我去加油站加油時，有人在我使用的加油機上留了一份墨西哥地圖。這些徵兆對我來說已經足夠了，我決定前往墨西哥。

我不知道要去哪裡，墨西哥幅員遼闊。但從我的心態來看，任何地點都不會有太大的不同。我打算直接上路，讓選項在我眼前展開。我的朋友和家人不是很看好我毫無計畫的墨西哥之行，一直警告我要小心強盜、要避開陌生人。我只在學校學過一些西班牙文，很有可能讓自己捲入麻煩。在沒有其他奧援的情況下，我動身前往墨西哥。

這趟旅程帶我沿著墨西哥灣沿岸地區走，往南穿過德州。開車時，我會把注意力放在呼吸，從腹部發出「哞」的聲音。這世界上我最不想做的，便是去傾聽整天在腦袋裡聒聒不休的聲音。每天晚上，我會在森林裡找一處地方把車子停好，靜心，然後就去睡覺。我以這樣的速度花了幾天來到墨西哥中北部，這裡就是我最後到達的地方。

一天傍晚，我開車來到墨西哥鄉下，找不到任何森林可以停車過夜。我覺得把車子隨意停在路旁不太妥當，但又不知道該怎麼辦。最後，我駛離道路，沿著一處緩坡往上爬，來到一片翠綠牧草地的最高處，那裡的景色美極了。舉目四望，沒有圍籬，沒有屋舍，我決定在這裡過夜。

隔天早晨的景色美得令人屏息。輕霧飄在草地上方，我可以看見日出的各種顏色。景致如此之美，我便在戶外進行早上的靜心和瑜伽。我進入非常深層的地方，而我正在追尋的那份平靜的回聲壓倒了我的存在。我在那片長滿草的山丘停留了好幾星期，不曾離開。每一天，我都會增加靜心和做瑜伽的時間。我的心智安靜下來，而我的心又開始呼吸了。

一天早晨，有人在我的車門敲了敲，讓我嚇了一跳。我很害怕。強盜終於發現我了嗎？或者，這片土地的主人舉著槍要趕我出去？我打開車門，發現一位八歲上下的小男孩站在外面，雙手捧著一個容器。

「Esta leche es de mi mama para el Americano en la colina.」

我勉強翻譯出來：「這牛奶是我媽媽要給山丘上的美國人喝的。」我深受感動，不停地謝謝他。在墨西哥這個前不著村後不搭店的地方，我一如往常想到最壞的情況，結果它卻是一個充滿善意的舉動。

我逐漸了解到，**生命不像腦袋裡的聲音要我相信的那麼脆弱**。可以擁有的體驗很多，但前提是你願意去體驗。最重要的是，這是我記憶所及第一次爲了展現在我眼前的一連串事件讚揚生命。畢竟，我並沒有安排一個完美的地點，讓我可以停車，並花幾星期靜心和獨處，更別提會有那個男孩親切到訪。生命爲我提供了這些事，我只是跟隨它的流動罷了。我開始將這所有的體驗視爲來自生命的禮物。

7 在墨西哥純樸小村學到的人生課

切斷恐慌按鈕

墨西哥給了我很棒的經驗，但現在是啓程回家的時候了。我往北邊開車回去，日落時在一條泥土路旁發現一座小湖，我可以在此過夜。這地方如此平靜，隔天早晨的靜心結束後，我便留下來享受湖水，下水游泳。等到該進行下午的靜心時，我徒步走上一座山丘，找到一個可以做瑜伽的隱蔽處。

整套瑜伽動作進行到一半時，我開始聽到遠處傳來一些聲音。我感到不自在，但又不想屈服於內在那個害怕的人。我就是更放鬆地沉浸在瑜伽動作裡，焦慮因而消退。

下一個嚇到我的，是一匹馬噴著鼻息的聲音，距離聽起來比先前近多了。我確信強盜出現了。很快地，我聽見人聲和馬聲，離我很近。我腦海裡出現的字眼根本不是

「放鬆」，恐懼、脆弱和非常不自在更能準確描述我此刻的狀態。

我內在的一切都想要立刻結束我的瑜伽練習，張開眼睛看看我讓自己陷入什麼樣的危險中——嗯，除了我爲了擺脫內在那個害怕的人而發展的自律核心之外。堅定的指令從我的恐懼後方傳出來：我才不可能放過這個超越所有內在騷動的大好機會。我將雙眼閉得更緊，以示反抗，然後深深地吸一口氣。在這個戲劇性事件當中，我要求自己處於放鬆狀態。

完成一整套瑜伽動作之後，我通常會坐下來靜心半小時。我注視著腦袋裡的聲音哀求我跳過這個步驟，畢竟那些馬還沒有離開。我可以清楚聽見牠們就在我正前方呼吸，當中不時穿插著牠們背上騎士的低語聲。我其實不必做什麼決定，我先前便清楚看見，就是我內在那個害怕的人在扯我後腿，讓我無法前往自己渴望去的地方。我必須擺脫他。因此，我深吸一口氣，進入蓮花座姿勢，然後開始從腹部發出「哞」的聲音，企圖壓過腦袋裡的聲音想要說的話。對我而言，這就像是許下一個承諾：你在乎的是哪一個，外在或內在？

當我終於張開眼睛，我看見前方有兩匹馬，距離我不到三公尺。馬背上各有一位騎士，看起來比較像牧場牛仔，而不是強盜。他們抽著菸，其中一位側身坐在馬鞍上，面對另一名騎士。看見我回到他們的世界，兩人開始對著我說西班牙文。我有點驚訝自己能聽懂他們說的多數內容，而且他們跟我說話肯定是件好事。我開始覺得安心，而接下來發生的一連串事件更留給我不可磨滅的印象，使我決心不再讓那個害怕的人主宰我的人生。

願意面對恐懼，因而感受到平靜

在我們互動中的某一刻，兩位牧場牛仔問我，停在湖邊的露營車是不是我的。我腦袋裡的聲音立即告訴我要小心，他們可能會搶劫我。我忽略這個插曲，然後當其中一位騎士提議將我拉上馬，讓他載我回露營車那裡時，我很樂意地伸出手。我是個城市男孩，像這樣只穿著泳衣，和一個陌生的墨西哥人共騎一匹馬，可不是每天都會發生在我身上的事。騎下山坡時，我從頭到腳都感受到一股平靜。這個經驗十分美好，如果我聽從那個害怕的我，可能就錯失掉了。

到達露營車那裡時，載我的那個牛仔開始跟我說，他和其他人爲一名有錢的地主管理這片土地。他說他們一夥人都很窮，而地主甚至不允許他們去湖邊釣魚。他指出他們住處的方向，邀請我隔天離開之前到那裡看看。我們互道再見，彷彿已經是多年的好友，然後他們便掉轉馬頭，騎著馬離開了。

我覺得自己是如此敞開來，如此與自己正體驗到的事連結在一起。我記得，儘管正在經歷某些非常深層的改變，我那天晚上仍然感謝生命帶給我如此特殊的一天。內在的痛苦和混亂開始消退，但想要擁有絕對的平和與寂靜的渴望持續在我心裡燃燒著。

隔天早上做完靜心練習後，我整理好行李，準備繼續北上。離開前，我決定開車沿著泥土路走，看看能否找到牧場員工居住的地方。我來到一塊區域，那裡大約有十五到二十間茅草屋頂的泥磚小屋。我在書上看過這種房子，卻沒親眼見過。尚未決定要不要再往前走時，我前一天認識的新朋友跑出來迎接我了。

我把露營車停好，跟隨著興奮的牛仔，任他把新結交的美國朋友介紹給村裡的人。眼前的事物如此原始、純樸，讓我十分驚訝。小屋裡面是泥土地，牆上的方形缺口便是窗戶了。門框上沒有門，窗框上沒有窗戶。我碰到的許多人瞪大眼睛看著我，彷彿從沒見過美國人——我很快就發現他們當中有許多人是沒見過美國人。我不認爲自己待在那兒的幾小時裡，腦中那個糾纏不休的聲音有吭過氣。這整個地方對我來說非常新奇，一切都很自然、很樸實。我坐在一間泥磚屋裡，看著村裡的女人以母乳餵哺嬰兒。我以前從沒見過這種情景。我注意到自己眞的感覺很羞愧，我所處的文化扭曲了自然，使得原本很自然的事都不再自然。

回到戶外之後，我們繼續參觀這個小村子。接近我朋友的小屋時，他問我會不會騎馬。我告訴他，我騎過，不過已經是好多年前的事了。我沒說出口的是，我上一次騎馬是十二歲參加夏令營的時候，而且馬背上是英式馬鞍。接著，他做了一件大大出乎我意料的事：他把自己那匹馬的韁繩交給我，並指了指一處開闊的草地。此時此地，沒什麼好羞怯的。我把穿著涼鞋的腳套進馬鐙，身體用力擺盪，坐上馬鞍，彷彿知道自己在做什麼一樣。我以前總認為騎著馬在原野上奔馳是件狂野而無法想像的事，但不知怎麼的，這夢想竟然即將在我一個人也不認識的墨西哥實現了。當村裡的幾個人開始湊過來看時，我也適應了這匹馬，然後，我就像疾風般騎著馬奔馳在遼闊的草地上。我飛跳得很高，跟我一直以來要自己遵守的嚴格禪宗戒律相較之下，我此刻極度興奮。

接下來的幾個小時，我跟一些好奇的村民討論了美國的生活，之後便向他們道別。他們邀請我留下來吃晚餐，但我該進行晚間的練習了。我記得我朋友說過，儘管他們不易找到食物，仍然不被允許到湖邊釣魚。於是，我去露營車拉出之前放在後座底下的一大袋糙米和乾燥豆子，然後拿給那些正在準備晚餐的婦女。她們的感激之情讓我幾乎哭出來。這些東西對我不算什麼，對她們來說卻如此珍貴。這是另一堂我絕不會忘記的人生課：幫助他人的喜悅。

在我開車離開前，所有人都聚到車子旁跟我說再見。我過著安靜、不與人接觸的獨居生活將近一個月，現在卻儼然成了名人。這是怎麼發生的？對我來說，這一切之所以發生，毫無疑問是因爲我捨棄了「自我」，某件非常特別的事情就跟著出現了。**我願意面對寂寞和恐懼，不汲汲於減輕痛苦。然而，有些事自行發生了，不需要我去做或開口要求**。一項偉大實驗的種子已然播下：生命要給予我們的，有可能多過我們爲自己抓取的嗎？

8 寫報告的靈感突如其來

看見創造性靈感和邏輯思緒之間的差異

在墨西哥的體驗讓我成長不少。學習擁抱在眼前展開的生活對我來說很新奇，得到的結果也讓人有種自由感。回到蓋恩斯威爾時，我的心和頭腦平靜多了。問題是，我住的地方仍沒著落。我之前是住在鎮東森林裡的石灰坑旁，因此我再度回到那僻靜的地點，住在露營車裡。我生活中需要的，是獨處、規律地持續增加練習，以及少量的食物。

我知道自己拿到博士學位的可能性正急速下降。我只剩下一些課程要修完，但還要準備資格考和論文。我已經不想成為經濟學教授，而是想要探索自己內在深處。我能靜心到多深的地方，才是我唯一關心的事。

經濟系系主任葛夫曼博士對我來說就像父親。我非常敬愛他，他也鼓勵我完成學位。他認為我目前正在經歷青年的一個階段，很快就會走出來。他幫我保住獎學金，敦促我至少先修完課程再說。出於對他的尊敬，我偶爾會開車進城上課——但不是很常去。

我日後終究會學到，**生活中每樣事物都有你可以學習的地方，一個人成長所需的全部元素就在這裡了**，不過我那時還沒準備好看見這個部分。對我來說，我的靜心是最重要的，其他任何事物則在另一邊。儘管我完全沒看出學校課業跟自己的內在成長到底有何關係，卻也從其中一門課程得到相當大的啓發。

那門課的教授是個受人敬重的經濟學家，個性一點都說不上開明寬容。我錯過他很多堂課，等到我終於出現時，全身的打扮是牛仔褲配上一雙光腳丫。我很懷疑自己會是他最喜歡的學生。有一天，教授問我眞的期望能在這門課獲得好成績嗎？他解釋，我投入的心思只夠在測驗上獲得好分數，但我時常缺席、沒有參與課堂討論，都讓我沒辦法取得高分。我知道我們還有期末報告要寫，因此我告訴他，我會努力寫好報告，如果教授能夠只看考試成績和那篇報告的水準來決定我的學期分數，我會非常感激。他說會把我的請求納入考慮。

完成這門課期末報告的時間到了。我知道自己的心理狀態並不適合跑圖書館去吸收大量資料寫出一篇好報告，我已經做了很多靜心，心智處在非常平靜的狀態，不可能花上好幾天時間研究、思考報告的主題。如果我要寫這篇報告，勢必得找出不同的做法。

一天傍晚，我找來一大堆筆記本和幾枝鋼筆。靜心結束後，我點亮煤油燈，坐在露營車裡的折疊桌旁。我告訴自己，我並不是眞的在意這門課的成績，因爲我最後也許不會完成學位。這去除了心理或情緒上的壓力。接下來，我再告訴自己，不管腦袋裡想到什麼，先寫下來再說。我手邊沒有任何參考書籍，有的只是一個沒有壓力的清晰心智擁有的自然邏輯。我開始動手寫，思緒也開始流動。我不擔心自己寫的內容，或是質疑自己的想法。這跟靜心非常類似。我將「個人自我」完全抽離，任憑奔放的靈感自由流瀉。

寫作過程中的某一刻，一道靈感在我心裡閃現。我本來毫不知道自己該如何完成這篇期末報告，現在完全清楚接下來要寫什麼。這就好像安靜的心智後方迅速形成了一朵知曉之雲，事情發生得如同一道閃電般迅速又強大。起初，我沒有任何想法，倒比較像是一種感覺，明確知道自己現在明白這篇報告的目標爲何，以及如何完成。接下來，思緒逐步形成。起先是慢慢地流，然後就大量湧進我的心智裡。我仍然必須把它們彙整成有邏輯的思路，但所有種子都在這裡了。觀看這整個過程實在令人覺得驚奇。

我不斷地寫呀寫，一本又一本的筆記本寫滿了完全合乎邏輯的陳述：從前提開始，然後闡明論點，最後以結論收尾。過程中有圖表呈現邏輯關係，還有我先前在上課時讀到或聽到的事實的引用出處。這些事實稍後都會再加以潤飾、加上注腳，因此我只是先留下空間，繼續寫下腦子裡形成的所有想法。我不為任何事物停下來，沒有憂慮，沒有評斷，沒有好壞，我就是讓整個過程開展。

藝術家在創作時，首先出現的是靈感，接下來才把靈感帶到物質層面。那晚在露營車裡，發生在我身上的事就跟這過程一模一樣。整篇報告的靈感一下全部湧現，然後我的心智將之消化、使之成形。跟雕塑、繪畫或交響樂曲不一樣的是，我的藝術作品是一篇經濟學報告。它來自藝術來的地方，但表達的媒介是邏輯思考，而不是大理石或顏料。我不知道靈感的火花從何而來，只知道在那電光石火的瞬間，我要寫一篇博士等級報告所需的材料全部備齊了。

接下來的幾天，我整理草稿、打字，然後交了出去。最後的成品超過三十頁，我不僅在這門課獲得優異成績，教授發還報告時，還問我有沒有考慮在他的指導下寫博士學位論文。這一切讓我覺得謙卑。正如四十年後的這段敘述所證明的，那晚的經驗對我產生深遠的影響。我清楚看見創造性靈感和邏輯思緒之間的差異。我知道思緒打哪兒來，但靈感從何而來？它來自一個比我目睹思緒湧出之處更深層的地方。它自然出現，安靜無聲，不費力氣，也不喧鬧。無論我怎麼努力嘗試，只憑我的邏輯心智是斷然寫不出那篇報告的。我好奇是不是有什麼方法可以經常汲取那份靈思的光彩。這得花上很多年，但最終我會學到：人可以持續生活在那種創造性靈感泉湧而出的狀態裡。

9 買下期望中的樂土

準備進入隱居生活

在歐卡拉國家森林保護區獲得深度靜心體驗之後，數個月過去了。那次體驗的紀念物是持續集中在我眉心的能量流，以及心頭一股想要更深入內在的渴望。這些力量沒有隨著時間過去而消退，事實上，想要更深入的渴望逐日增加。這感覺就像陷入瘋狂的愛戀，卻無法見到心愛的人一樣。我開始深思完全停學，進入獨居生活。我的博士生課程已全部修完，沒有任何事情強迫我要立刻參加資格考；再者，那時我相當確定自己絕對不會參加那些考試。

我判定自己需要一個遠離一切人事物的地方，以完全專注於修行。我知道我無法永遠在石灰坑旁露營，但也沒準備好開始尋找屬於自己的僻靜住所。我決定只管張開雙眼留意，看看會不會有什麼事情主動出現。

事情眞的出現了。

有一天，我在加油站加油時，工作人員突然問我住在哪裡。我告訴對方，我住在露營車裡一段時間了，希望能在鄉間找到一塊地住下來。他說，他無意間發現蓋恩斯威爾西北邊有一處優美的區域，當中有好幾塊五英畝的地要出售。我問清楚方向之後，便開車繼續上路了。

幾天後，我開車前往那個地方，找到了「四月之禮莊園」。那地方坐落在一塊滿是蓊鬱森林的區域，在城鎮北方大約十六公里處，由二十一塊五英畝的土地和幾條泥土路組成。賣出去的土地很少，我參觀整個區域時沒見到一個人影。這地方如此平靜又自然，我幾乎是在出神的狀態下開著車到處看。這裡眞是完美。

很快地，我來到兩塊毗連在一起的土地，部分是森林，部分是田野。這完全就是我想要的地方。我把車停妥之後，穿過外圍的森林，來到內側的田野。那種從森林突然進入廣闊空間的感覺令人難以置信。光線大量射進來，還湧現一股開闊的感覺。

我走上一片起伏的山丘，一直走到這片地產北邊的圍籬。這片土地跟一處美麗的牧草地爲鄰，牧草地另一邊則向一道兩旁布滿森林的溪流傾斜。整片土地的北方都可以俯瞰這美到令人屏息的風景，讓我記起荷馬對「樂土平原」的描述。我漫步走回森林裡，在一棵樹下找著一個位置，內側田野的開闊景色就在我眼前展開，右手邊則可看見美麗的牧草地。這片森林很安靜，讓人感覺受到保護，彷彿待在子宮裡。坐下來那一刻，我就被拉進深度靜心當中。返回意識層面時，我知道自己回到家了。

我以前沒買過任何土地，不過我倒是有些資金。大學畢業時，父親把大學存款戶頭裡剩餘的錢交給我，要我爲自己的研究所教育完全負起責任。既然我念碩士和博士都拿到全額獎學金，父親交給我的一萬五千美元，我幾乎都存了下來。現在是用到這筆錢的時候了。

我決定把涵蓋那片內側田野的兩塊地一起買下來，這樣可以讓我充分隱居起來。在連絡地主之前，我定下自己願意爲這十英畝地付出的最大金額。我心中的價錢比售價低很多，但我告訴自己，如果賣方不願意降低金額，表示這地方不該屬於我。無論是哪一種結果，我都能平靜地接受。事實上，這種超脫的態度給了我成功談判土地售價的優勢。我順利買到土地，卻感受不到喜樂。我感受到的，是一種不屈不撓的決心。前方的路不會平順，我已經對自己許諾要去探索超脫我之外的一切——現在是實踐諾言的時候了。

10 建造神聖小屋

生活教導我的重要功課

鮑伯．葛德是我上中學初期就結識的好友。我們兩人都是從北方搬到佛羅里達州，也是整個十年級「唯二」的新學生。我和他立刻成爲朋友，這份友誼一直延續到我們上大學都未中斷。鮑伯的手很巧，是那種在工藝課表現優異的學生。當我打算在自己的土地上建一間靜心小屋時，鮑伯適時跳出來幫忙。

我和鮑伯都不曾蓋過眞正可以住人的小屋。我的雙手也很靈巧，中學時當過修理跑車的技工，但談到建造小屋，我跟鮑伯都力有未逮。我們連絡了一位大學朋友鮑比．艾爾特曼。鮑比之所以有資格，不是因爲他以前眞的蓋過房子，而是他剛拿到建築碩士學位。至少他知道設計和蓋東西的理論，要造出一間讓我可以進去獨處一會兒的小屋會困難到哪裡去？

顯然，鮑比一點都不認爲這是困難的差事。他很快就畫好小屋的設計圖，還用輕木做出模型。我記得第一次看見他的設計時，眞的認爲他瘋了。那不只是一間小巧、簡單、供一人使用的靜心小屋，而是一棟楔形的房子，正面有驚人的玻璃落地窗，足足有五公尺寬、六公尺高。眞要老實說，我自己原先設想的不過是個有一扇門和幾扇窗戶的大箱子罷了。三個從沒蓋過任何東西的大學畢業生要怎麼建造出這樣的房子？

鮑比堅持這棟房子很容易蓋。我個人不甚確定，但鮑伯全力支持，他認爲這對我們三人來說都會是很有趣的挑戰——住在帳篷裡，動手蓋小屋。我記得自己當時不那樣認爲，我已經有個全職的挑戰了：回到我鍾愛的絕對寂靜平和之地。但是，如果我必須建造出這個供靜心之用的建築傑作，才能到達自己渴望的地方，那就動手吧。

我們放棄那些只屬於年輕嬉皮和瘋子的理由，一頭栽進這項工程。這眞是個了不起的體驗。我僅剩一點錢可供建造鮑比設計的小屋，爲了讓花費降到最低，鮑比和鮑伯同意我們可以用未刨平的木材，來取代木材廠裡可以買到的那種處理過的木料。命運彷彿也站在我們這邊，距離我的土地不過幾公里遠的公路旁有一間「葛瑞菲木材暨鋸木廠」。詹姆士．葛瑞菲和他的妻子是土生土長的南方人，跟我們三個蓄長髮的傢伙完全不同，每次我們去載運木材，都會引人側目。撇開髮型不說，我們如此「與眾不同」的原因在於我們訂的貨。我們剛開始訂了十一根柏樹柱子，用來作爲房子的主要支撐結構——那些柱子有將近九公尺高，都可以稱之爲樹了。葛瑞菲先生允許我們在運送原木的卡車抵達時，親手挑出最筆直的樹。我們得以看著工人把每棵樹拖到巨大的廠房裡，將它們砍成每邊十五公分的木材，誤差約爲一公分上下。看著眞正的樹變成你家的支柱，眞給人一種腳踏實地的感覺。

隨著時間過去，葛瑞菲先生開始對我們敞開心胸。一天，他邀請我們三人到他家吃晚餐，他家就在木材廠旁。這可是件了不起的大事，因爲我們一直過著住帳篷、靠營火煮東西吃的生活。這對我來說尤其特別，因爲我在露營車或帳篷裡已經住了幾乎半年。這不只是吃一頓家常菜，光是走進一間眞正的房子裡，對我而言都是新鮮事。

葛瑞菲一家的房子是溫馨的鄉村屋舍。葛瑞菲太太聽說我是素食者，便用了大量蔬菜煮出一頓南方菜。晚餐的對話溫馨而親切，眞的感覺彼此像一家人。某一刻，葛瑞菲先生開口說了我這輩子都不會忘記的話：「我們見到你們三位之前，總以爲嬉皮是世界上最汙穢卑劣的人。現在我們眞心喜愛你們這幾個年輕人。」這又是一個讓我開始思考的美妙時刻：這些令人難以置信的體驗到底是從哪裡來的？不知爲何，我不斷從最出乎意料的地方獲得這些深深觸動人心的經驗。這眞的開始讓我覺得驚奇。

日復一日，房子開始成形。一旦外面的牆板立起來，就可以眞正感受內部空間的大小了。然後，鮑比拋出一個我以前不曾想過的問題：我們當中哪個要負責安裝電力線路？儘管沒有任何經驗，我自願接下這差事。鮑比給了我一本他以前修電力線路安裝相關課程時使用的小書，就留我獨自摸索了。他相信我有能力裝設房子的整個電力線路系統，這份信心讓我相當驚訝，但如果他認爲我做得到，我就可以吧——我也的確做到了。一位偉大的靈性導師說過：「每一天都要挑選超出你能力的事情來做，然後努力征服這件事。」生活正在教導我一些非常重要的功課。

我們在屋內鋪上松木地板，房子前後則搭建以雪松木爲材料的露台，再請一位水電工在浴室區域架設外露式鑄鐵水管。到了這階段，房子已經有了自己的生命。我們已將自己的心和靈魂帶進建造這棟房子的過程中，完成的東西讓我們三個人都很驕傲。對我來說，整件事一開始只是要建造一間很快可以蓋好的簡單靜心小屋，最後卻變成一生只有一次的體驗。不過，這並非我嚮往的事物。我眞正想要的是隱居起來，致力於我心唯一的渴望：絕對的平靜、寂靜和自由。隨著房子完成，進行這項工作的時間終於到了。

11 進入修道院般的簡樸生活

試圖透過嚴格的紀律，讓低層自我離開

我在一九七一年十一月住進新家。我會記得是十一月，是因爲搬進新家之前，我姊姊凱芮和她先生哈維從邁阿密來找我共度感恩節。考量到他們只是普通人，這個舉動其實挺勇敢的。哈維是個成功的會計師，他和凱芮習慣住在好房子和舒適的生活環境裡。他們抵達時，我正忙著寫下最終核對清單，列出所有要搬出露營車、放進新家的東西。哈維幫我把最後兩扇窗戶裝起來，還堅持跟我共進感恩節晚餐。這表示他們得和我一起坐在戶外，用營火煮東西吃。我個人感覺，他們開車來探望我是想知道我的神智是否還算清醒。我已經很長一段時間沒用電話了，我很確定我的家人一定非常擔心我。

凱芮和哈維離開後，我很高興自己在漂亮的新房子裡又是獨自一人。我想要的就

是有個簡單的地方，可以讓我完全專注在靜心上。我得到一份禮物，來自一隻已然掌握我生命的無形之手——我那時候是這麼叫它的：無形之手。從我覺醒開始，我就在內心祈求幫助，希望讓我知道我是誰，那個注視著腦袋裡的聲音的人。那一刻之後，彷彿就有東西往下伸出手，抓住我的馬尾，開始把我往上拉。一眨眼間，我的整個外在生活已經從我身上被扯開。在它手裡，我看見一種超乎我想像的內在狀態的美麗與平靜。觸及那種「超脫」點燃了我心頭之火。我存在的深處有一團火在燃燒，從來不曾熄滅，連一瞬間也沒有。那就像是一聲召喚，召喚你回家的一聲呼喊。在我覺醒的那個階段，我唯一知道可以回家的辦法，便是固執地遵守禪宗靜心的嚴酷紀律，以突破我自己。我坐在門檻上，這道門通往生命給予我、讓我做這項工作的美麗場所。我虔誠地低頭鞠躬。這是我的聖殿，我的修道院，我發願要善用這地方。

我驚訝地發現，修道院般的簡樸生活方式來得如此自然。我每天在清晨三點醒來，坐著靜心幾小時。然後，我會到田野間散步、沉思。早期那些日子裡，我仍然堅信一切只關乎集中心思與專注。走路時，我會敏銳地覺察自己踏出的每一步，以及身體的每個動作。這有助於延長我在晨間靜心時感受到的平靜。接著，我會在戶外做瑜伽，直到該進行中午的靜心爲止。每一天，我都要求自己嚴守紀律。這是一種極度嚴謹的生活方式，跟我以往有過的任何體驗都很不相同。但就像運動員願意捨棄所有事物，日夜不停地為奧運接受訓練一樣，我也願意捨棄一切事物、窮盡所有時間，以丟棄扯我後腿、讓我無法前往我迫切想要到達之處的那個自己。

沒有多久，我就注意到食物對我的修行有重大影響。吃得越少，我越容易落入靜心狀態。因此，我開始測試自己不吃東西可以維持多久。我後來達到的平衡是每隔一天在晚餐吃少量沙拉，當中的時間則完全禁食。我的目標是盡可能放棄所有會讓我的注意力轉向外界的事物，這樣才能讓我更聚焦於深層的內在狀態。

我晚間的作息從日落開始。不知怎麼的，落日對於將我拉進靜心狀態的力量有強烈影響。我總是在夕陽開始下沉之前，就坐上靜心的墊子。靜心幾個小時之後，我就會上樓睡覺。我沒有鬧鐘，身體會自然在每天清晨三點醒來，再度展開我的這套生活規則。

我不知道自己是從哪裡得到的想法，以為如果我把紀律的繩子綁得夠緊，低層自我就會離開，不再來打擾我。我就這樣生活了將近一年半。「主宰我以往整個生活方式」那一部分的我，在我的新生活中已無立足之地。這裡沒有他可以得到的好處，他的反擊也逐日減少。這個喧鬧、要求苛刻的我並沒有離開，他只是開始順從嚴格的紀律。我以為這個方法有效，但我很快就會發現，自己錯得有多離譜。

12 學生準備好，老師就出現了

向靈性大師學習

除了學校功課以外，閱讀在我的生活裡從來不曾扮演重要角色。但如同先前《禪門三杜》在我正巧準備好的時候出現，另一本書也在我搬進新家之前，找到機會來到我眼前。這本書是我一位朋友鮑伯．梅瑞爾給我的，鮑伯跟我一樣非常熱中做瑜伽和靜心。

還住在露營車的某一天，鮑伯給了我這本來自印度的聖人尤迦南達寫的《一個瑜伽行者的自傳》。我記得鮑伯拿書給我的當天晚上，我便試著開始閱讀，但讀了幾頁就不得不放下來。不是我不喜歡這本書，而是因爲我讀的每一個字都在把我拉入深層的靜心狀態，讓我無法讀下去。隔天晚上我又試了一次，同樣的情形再度發生。我不明白是怎麼回事，但我無疑已被這個經驗挑起興趣。我決定先把這本書收起來，直到搬進新房子再說。現在既然已經住進新家，也展開緊密的靜心生活，該是閱讀這本神祕書籍的時候了。

我讀了一章又一章，書中的文字把我送進一個本來應該很陌生的世界。但因為先前經歷過一些轉化性事件，我多少能夠體會這印度聖人的生平故事。我看得很清楚：我只不過是把腳趾伸進尤迦南達倘佯其中的那片海洋而已。他是我在尋找的整個知識和體驗領域的大師，我可以從自己的存在核心感受到這一點。尤迦南達到達的境界已經遠遠超出我的超脫之處，從來不曾真正回到這世界。他已經學會如何存在於那個狀態，但仍能和這個世界有所互動。我已經找著自己的導師。

即使我當下立刻覺得鬆了一口氣，因為我在這趟內在旅程中不再是獨自一人，有些緊繃的部分還是得解決。首先，「神」這個字不屬於我的日常詞彙，但尤迦南達運用這個字時，不僅像呼吸一樣自在，更帶著一種令人屏息的強烈虔誠感。尤迦南達的熱情多數展現在他寫的歌裡：

我的心在燃燒，我的靈魂著了火——只為了你，你，你，只為你。

有趣的是，我可以體會這一點。打從觸及自己內在深處那美妙的地方，我的心也在燃燒。事實上，我對其他事物失去興趣，一心只想藉由靜心回到超脫自我的境界。我可以把神和那個藏在我內在深處的地方連結起來。我在研究禪宗時知道，佛陀透過絕對的靜默與平靜進入「涅槃」。我也聽過，基督說「神的國就在你們心裡」，而我明白《聖經》說的是一種**超出所有理解的平靜**。我知道自己內在有這麼一個地方，那裡的深度平靜徹底改變了我整個人生。

另一個我剛開始無法體會的字是「靈」。我本來以爲這屬於基督教詞彙，但尤迦南達不時用到這個字。他談到要喚醒這個靈，並透過他去感受靈的搏動。他提及自己有幾次舉起雙手，感覺到靈在兩隻手移進移出。他指的有可能是我在那次非常深度的靜心之後一直體驗到的那股強大的能量流嗎？我時常感受到那股能量從我的眉心往下沿著手臂流動，然後從掌心流出去。所謂的「靈」有可能是這股內在能量流的另一個名稱，而我兩眉中間那一點有可能是尤迦南達不斷提到的「第三眼」或「靈性之眼」所在的位置嗎？我漸漸開始了解到，我個人很能與尤迦南達的教導產生共鳴。

《一個瑜伽行者的自傳》改變了我對發生在自己身上的一切的觀點。一讀完這本書，「神」對我來說不再只是一個字，而是代表我想去的地方。**想要知道那個注視著心智聲音的「我」是誰時，我就已經踏上了這趟旅程**。我如今已明白，所有宗教的聖人和大師都超脫了他們的個人自我，找到靈性自我。尤迦南達稱之爲「自我了悟」。

對我在人生那個階段所做的事而言，這是一個多麼完美的詞啊。我想要了悟那個觀看一切的「我」的本質——那個眞實、最深處的自我。

鮑伯．梅瑞爾告訴過我，他從尤迦南達在美國創辦的「悟眞會」訂購課程來學習。尤迦南達於一九五二年脫下臭皮囊離世，但令人感激地將自己的教導以每週課程的形式留在這個世界。我聽過郵購新娘，卻沒聽過郵購大師。我立即訂購課程，並將之融入我日常的修行裡。我記得自己那時也決定閱讀《聖經》。以前沒讀過《新約聖經》的我發現它非常有啓發性，裡面好多教導跟我在靜心時體驗到的東西完全契合。舉例來說，它提到「你必須死，才能重生」的概念，這就是我一直在嘗試的事：讓「個人自我」死亡，然後在靈性上重生。我把基督和尤迦南達的照片放在我靜心處所的聖壇上。一些非常偉大的存有在我之前走過這條路，我想要向他們學習。我剛開始了解，我無法隻身走上這條路，我需要一些幫助。

第2部

偉大的實驗開始了

13 一輩子的實驗

練習接受生命之流呈現在眼前的任何事物

到目前爲止，我整條通往內在自由的路都聚焦在靜心上，這是我尋求被深度的平靜和安詳充滿的地方。在某種程度上，它發揮了作用。我可以盤腿坐上數小時，讓美好的能量流帶著我向上升，但我沒辦法突破到我一心嚮往的境界。再者，一旦我站起來活動，個人心智總是會回來。我需要幫助，而這份幫助某一天在頓悟中出現了。我突然想到，我或許一直用錯方法了。與其透過持續要求心智安靜下來好釋放自己，或許我應該問，我的心智爲何如此活躍？腦袋裡那些叨叨絮絮的聲音背後有什麼動機？如果去除那個動機，掙扎就會結束了。

這份領悟開啓了一扇門，讓我的修行通往全新且令人興奮的次元。往內探索時，我注意到的第一件事，是我多數的心智活動都繞著我的「喜歡」和「不喜歡」打轉。如果我的心智偏愛（或排斥）某樣事物，它就會熱烈地說個不停。我可以看見，就是這些心理偏好創造了喋喋不休的對話，說著要如何控制我生活中的每一樣事物。

爲了讓自己擺脫這一切，我做了大膽的嘗試：**我決定不再聽從那些談論個人喜好的嘈雜聲，並展開一項「有意地接受生命之流呈現在我眼前的任何事物」的修行。**或許，這樣改變焦點會讓內在的聲音安靜下來。

我從非常簡單的事情展開這項新修行：天氣。我可以心平氣和地「下雨就讓它下雨，放晴就讓它放晴」，而不加以抱怨嗎？顯然，我的心智做不到：

> 爲什麼非得今天下雨？我不希望下雨時，總是會下雨。它有一整個星期可以下雨，眞是太不公平了。

我直接把這些無意義的噪音換成：

> 看這景色多美！下雨了耶！

我發現這項練習「接受」的修行效果非常強大，確實讓我的心智安靜下來。因此，我決定挑戰極限，擴大我學習接受的事件範圍。我清楚記得自己那時決定，**爾後如果生命以某種方式呈現，而我抗拒的唯一理由是出於個人喜好，我就放開自己的好惡，讓生命做主**。

無疑地，這些對我而言猶如未知的水域。我會到達何處？如果不由我的喜好帶領我，我會發生什麼事？這些問題沒有嚇倒我，反而迷住了我。我不想主宰自己的生命，而想要自由地飛翔到「自我」之外。我開始將之視為一項偉大的實驗。如果我內心放棄抗拒，讓生命之流做主，我會發生什麼事？這項實驗的規則非常簡單：如果生命將各種事件帶到我面前，我會當作它們是要來帶我超脫「自我」；假如我的「個人自我」開始抱怨，我會利用每個機會放手讓他離開，臣服於生命呈現給我的事物。這就是我所謂「臣服實驗」的由來，而我也做好準備，等著看這實驗會把我帶到哪裡。

你或許認為只有瘋子才會做這種決定，但事實上，我已經體驗過生命之流做的一些驚人的事了。我親眼見證自己放手之後發生的一切：微小的事件引領我去到墨西哥的不知名山丘，之後又帶領我獲得和那些墨西哥村民相處的美妙經驗。回到美國後，我被引領到自己這片美麗的土地，然後，看看這房子發生了些什麼！我原本只想蓋一間簡單的小屋，最後卻變成一項出人意料的豐碩體驗。我很清楚，我並沒有做這些事，是**它們發生在我身上**。事實上，如果我沒有捨棄最初的抗拒心理，上述這些事沒有一件會發生。我大半生的時間都認爲自己知道什麼事情對我是好的，但生命本身似乎知道得更清楚。我現在要最大程度地測試那個「非隨機性」的假設。我願意冒險擲骰子，讓生命之流做主。

14 接受銀行家的私人教師任務

學著讓生命做主

臣服於生命之流或許看起來像個大膽的舉動，但事實上，我並沒有完全置身於生命的挑戰中，畢竟我大多數時間都待在自己的土地上安靜地獨處。不過，還是有個例外——在通過資格考和完成論文之前，我仍然是研究所學生。這表示我還在學校的獎學金名單上，每學期有責任教一門課，不是個體經濟學，就是總體經濟學。我的課通常一星期排三堂，每堂一小時。我會先做完早晨和中午的瑜伽練習，然後進城教課，下課後直接開車回來。我懷疑自己在那些日子裡這樣跑來跑去眞有任何樂趣可言，因爲我完全不愛交際。除非學生在下課後仍有問題要問，否則我會盡可能避開任何對話。我總是穿著同樣的衣服：長袖牛仔襯衫配牛仔褲。我把頭髮往後梳，綁成馬尾，腳上不是穿涼鞋，就是直接打赤腳。這副打扮在哲學系或許不算極端，但我是在南方的商學院教授初級課程啊。系上容許我這副打扮的唯一原因，是我在學生之間非常受歡迎，而這些學生的考試成績也相當優異。

我本來以為教一門課已經是超越自己的極限了。我給自己的挑戰是看看我能否在開車進城、教書、回家的同時，讓心智保持相當程度的靜止。要做到這一點，我必須練習在那一整天的許多時刻維持靜心狀態。出門前，我會在草地上做瑜伽，上課前則在露營車裡做幾次呼吸控制練習；面對滿教室的學生時，我甚至會暫停一下讓心智安靜下來，之後才開始上課。某一天，我開車進城到學校，深呼吸幾次，然後走進坐滿學生的大教室。不知為何，我走進去時，學生開始吹口哨喝倒采。我花了好一會兒才回到現實，發現我之前做完瑜伽、從墊子上起身後，穿上了牛仔褲，卻忘了套上襯衫。我就這樣光著腳、赤裸著上身，站在教室裡。這狀況並未讓我覺得不安，我直接問學生，他們希望我取消今天這堂課，或者讓我走上講台開始上課。全班的回答很一致，因此我開始講授總體經濟學，把衣服的事情拋在腦後。

時間一個月一個月過去，我一直過著嚴格的靜心生活。我本來應該利用這段時間準備博士資格考，但不需要我多說，我沒有打開任何一本書，也沒這個打算。我人生的那個部分已經結束了，至少我這麼以為。

一天，上完經濟課之後，葛夫曼博士在走廊上遇到我，說想跟我聊一聊。我腦袋裡的聲音立即告訴我，我有麻煩了。他那時仍然是系主任，想必聽說了「袒露上身」事件。如同以往，這聲音又說錯了。

葛夫曼博士告訴我，他接到一通來自州長辦公室的電話。顯然，州政府決定在蓋恩斯威爾打造一所佛羅里達州頂尖的社區大學。要達成這目標，他們需要一個強而有力的領導人，這個人不僅要能擔負教務上的責任，也要可以主掌募款和財務管理工作。基於這些條件，委員會已選定州裡一位傑出的銀行家來擔任新近擴張的聖塔菲社區大學校長。葛夫曼博士說這番話時，我的心智不斷問著：他爲什麼要告訴我這件事？這跟我有什麼關係？我應該要回家去了啊。

我很快就知道答案了。看來，佛州法律規定社區大學校長必須擁有博士學位，而委員會選擇的銀行家亞倫．羅伯森不符合這項資格。那麼，他們決定怎麼做呢？找一位有相似學術背景的博士班學生幫助他取得博士學位。令人吃驚的是，他們選擇的博士班學生就是我。

我腦袋裡的聲音爆發了。我看著它尖叫：不行！我不能做這件事。我已經放掉這所有的事了。我必須把時間放在修行上，不可能重新把我念過的那些經濟學課本拿出來，那部分已經結束了。在這些抗議聲中，我記起自己最近承諾要「臣服於生命帶給我的任何事物」。我注視的這個聲音不是我的靈性顧問，而是我靈性的包袱。這正是把它趕出掌控者位置的絕佳機會。

這期間，葛夫曼博士也在等我的答案，但那些我試著說出的接受字眼卻拒絕離開我的嘴唇。終於，我聽見自己大聲說出：「好的，我很高興自己能幫上忙。我會擔任他的私人教師。」

那一刻，骰子已經擲了出去。這項偉大的臣服實驗真正開始了。

我不再掌控自己的人生。

15 意外通過博士資格考

甘心面對恐懼，卻收穫奇蹟

指導亞倫．羅伯森其實並沒有讓我的生活改變多少。我們把課程安排在我每次進城教課的日子，下課後我會留下來花幾個小時幫亞倫上課，地點固定在市中心附近的聖塔菲大學舊校區。我們兩人的組合其實挺妙的。亞倫是穿著三件式西裝的成功銀行家，我則是綁著馬尾、穿著牛仔褲和涼鞋的瑜伽士。我不知道自己遇見的會是什麼樣的人，但原來亞倫非常熱情、心胸開放，對我的幫助也非常感激。

這不是說我們之間沒有出現任何尷尬的情形。第一項文化衝擊是關於我家教服務的酬勞。我告訴他，他不需要付我任何指導費用。他堅持要付，但我堅定地拒絕。他試圖跟我講道理：他是成功的銀行家，此刻還身兼大學校長，我則是一個靠著每月兩百五十美元獎學金過日子的學生。這話一點都沒錯，而且我也的確把所有的錢都用來買土地、蓋自己的房子。然而，我指導他是一個臣服於生命之流的行爲，因此不想收取任何酬勞。

最後，亞倫接受我們之間的關係並非以商業爲條件，我倆成了好朋友。有時候，他會來我家念書，我們會一起散個長長的步。他樂於了解我獨特的生活方式，而在銀行家裝扮背後的他其實是個很特別的人，我很高興認識他。有幾次，我甚至接受他太太的邀請，在他們家共進晚餐。我開始把跟亞倫之間的關係視爲生命的另一樣神奇禮物——儘管我一開始很抗拒。

亞倫進步的幅度足以應付他的博士資格考了。當他提議我也一起去應試、參加我自己的資格考時，我嚇了一跳。我對這件事沒有多大興趣，尤其是我們只準備了我三項主要研究領域的其中兩項。但是，我臣服於他的願望。我報名參加兩場我們一起準備的考試，並計畫把第三場考試往後延，另外找時間參加——如果我眞要應試的話。結果，接到學校的通知函時，我發現系辦公室弄錯了，幫我報名了三場考試。這下子我該怎麼辦？仍然臣服於這個變化嗎？

我開始觀察自己，想知道爲何我對參加第三場考試的反彈如此之大。我本來就無意拿到學位，所以，參加第三場考試有什麼關係？結果我發現，我只是害怕讓別人看見我失敗。我知道如果去參加先前完全沒有準備過的公共財政學筆試，我會失敗得很難看。失敗的可能性困擾著我，也讓內在的聲音開始喋喋不休地說著如何避開這場考試。這眞是擺脫這部分的我的大好機會。我不再把系辦公室的錯誤視為問題，而是當作進一步捨棄「自我」的挑戰。我決定參加三場考試，也願意接受第三場考試的失敗經驗。

前兩場考試進行得很順利。我和亞倫針對這兩個領域做了很多功課，因此對內容非常熟悉。第三場考試的日子迫近時，我爲這無可避免的事件好好訓練了心臟強度。我會昂然走進考場，並樂意讓自己一部分的自尊痛苦地死去。

結果，發生的一切改變了我往後的人生。考試前一天，我允許自己第一次拿出公共財政學課本，然後帶著這本厚厚的書到外面去，做瑜伽時就把書放在旁邊。做完一套瑜伽動作之後，我覺得寧靜、平和，完全準備好要面對隔天的嚴酷考驗。彷彿想看看自己即將落在什麼樣的利劍之上，我隨意打開書本，將攤開在眼前的兩頁讀過一遍。我把這個動作當成某種儀式做了三次，然後把書本高高舉向天空，象徵自己願意臣服。

隔天，我密切觀察腦袋裡的聲音要說些什麼。我驚訝地發現，自己對於即將來臨的事感到很平靜。做完早上的靜心後，我再把書拿下來一次，隨意翻開某一頁，結果發現這是我前一天翻到的其中一頁。我將那一頁上面的複雜圖表複習一遍，然後最後一次把書放回書架上。

那天早上稍晚時，我把車子停在商學院外面，走進去前先在車裡靜心了一會兒。我內心仍然很平靜，只有一種坦然聽天由命的感覺。我記得，我那時覺得自己通過了眞正的考驗：我已經證明，即使生命給我的是我眞心不想做的事，我仍然可以深深地臣服。

上樓到了經濟系，系辦公室助理把考卷拿給我。從她手裡接過來時，我瞄了一眼上面的六道申論題（我至少必須寫三題），整個人就呆住了，雙眼開始湧出淚水。上面有三道題目正是我前一天隨意翻開書本三次讀到的部分。我眞的愣住了，呆站在原地很久，無法正常呼吸。

這怎麼可能？又發生這種事了。以超脫自我爲理由，我臣服了，甘心面對個人的恐懼。然而在這最後的時刻，我並未像自己原先確信的那樣落入地獄，而是被往上拉向天堂。

我走進指定的教室，不停地寫啊寫。腦子裡的靈感種子仍然十分新鮮，我甚至能夠複製並美化先前看過兩遍的圖表。我交出寫滿答案的筆記本，然後帶著與自己原先期待的截然不同的心態開車回家。之前開車去考試時，我感覺生命似乎要我自願讓某部分的自己在這一天死去，但現在我明白，**生命是要我站到一旁，讓它做它該做的**

事。我很高興自己願意冒這個風險。

幾天後，葛夫曼博士把我叫進他的辦公室，恭喜我在公共財政學考試取得優異成績。來自系主任的讚賞應該會讓我很開心才對，實際上，我卻感到愧疚。我詳細敘述整件事情的經過，然後詢問我是不是做錯了什麼。葛夫曼博士站起來，把手放在我的肩膀上，告訴我不要再這麼謙虛了。然後，他送我離開他的辦公室。

16 成為大學兼任教師

跟隨無形事物進入未知

一九七二年春天，儘管並非出於本意，我修完了學分，通過了博士資格考，只剩下寫論文。我知道這個部分絕對不會發生，因此根本不去設想。我的靜心和瑜伽就是我整個生活。

雖然我的修行有長足進步，我仍然覺得有某樣事物在阻礙我前進。我開始相信，解決辦法便是練習克里亞瑜伽，這是尤迦南達教授的一種特殊靜心技巧。問題是，你必須先上一年的課，才有資格練這種瑜伽。我決定詢問悟眞會能否提早開始練習克里亞瑜伽。

那陣子，幾乎沒有人會寄信給我，因此幾個星期後的某一天同時收到兩封信時，我感到很詫異——一封來自悟眞會，另一封則來自我從沒聽過的組織。我急於知道悟眞會的回音，因此先拆開那封信。一看，我的心沉到了谷底，因爲我得等到六個月後才能學習克里亞技巧。除了放開自己的反應，我也沒什麼可以做的了。我深吸一口氣，打開另一封信。只瞄了一眼，我所有的失望便一掃而空。信封裡面是一張傳單，上面用斗大的粗體字寫著：

帕拉宏撒·尤迦南達嫡傳弟子
今年夏天教授克里亞瑜伽

我再度愣住了。我從沒聽說過這些人，他們似乎屬於加州某個知名的瑜伽社區，不過他們不可能認識我或拿到我的住家地址，我是個住在佛羅里達州森林裡的隱士啊。這兩封緊密連結的信最後怎麼會同時躺在我的信箱裡？

先不管這令人好奇的問題的答案是什麼，我知道自己這個夏天該去哪裡了：去北加州的一個靈修社區。線索如此明顯，要跟從引導就不是什麼難事了。但在我啓程往西方冒險之前，我那個「從此以後讓生命掌舵」的承諾會再面對一些挑戰。

收到那兩封信之後沒多久，葛夫曼博士跟我連絡，說亞倫．羅伯森在找我。自從我們兩人同時通過資格考之後，我就沒機會跟亞倫說上話了。我連絡上他，得知聖塔菲社區大學的新校區已經建造完成。亞倫正在爲首批學生找教職員，他希望我可以到那裡任教，即使是兼任形式也無妨。我沒說話。我絕對沒有興趣在聖塔菲社區大學或其他機構教書，我唯一的意念是增加自己在靈性上的修行，直到我可以持續融入我於內在發現的美麗地方。我試著告訴亞倫這一點，但是他不想聽。最後他說：「我不是在請求你，而是在通知你。」當我說出內心不想說的話時，嘴巴都乾了：「好的，先生。我會去那裡當兼任教師。我需要做些什麼？」

臣服，強大到不可思議的詞啊。它時常讓人聯想到軟弱和膽怯，但我的情況是，要勇敢到跟隨無形事物進入未知，需要我擁有的全部力量。這就是我正在做的事。並不是說臣服讓我很清楚自己要往哪裡走，我根本不知道自己會被帶到哪裡。不過，臣服的確讓我看清一個必要部分：我個人的「喜歡」和「不喜歡」不會引導我的生命。藉由交出那些強大力量對我的掌控，我得以讓自己的生命被另一個更爲強大的力量引導：生命本身。

在我成長過程的這個階段，我可以看見臣服練習實際上是透過兩個非常明確的步驟執行：**首先，捨棄在你頭腦和心裡形成的、關於「喜歡」和「不喜歡」的個人反應；第二，帶著步驟一產生的清晰覺知，你只要去探尋眼前的狀況要你做些什麼就行了。**當你不被「喜歡」或「不喜歡」的反應影響時，你會做什麼？相較於聽從個人喜好，跟隨那個更深層的引導會讓你的人生走到一個截然不同的方向。對於我的臣服實驗，這是我最清楚的解釋，而這也成爲我靈性與世俗生活的基礎。

17 第一次工作面試

生命自行開展，我只是順勢而為

我這輩子多數時間都待在校園裡，除了念中學時在放學後擔任跑車技工之外，我只在暑假打過工。我從來沒有經歷過眞正的工作面試。亞倫安排我和一位課程總監見面，討論我在聖塔菲社區大學的職位。

面試那一天，我穿著平常的服裝出現：牛仔褲、牛仔襯衫，和一雙涼鞋。聖塔菲市中心校區的風氣非常自由，但我不知道由亞倫擔任校長的新校區會是什麼狀況。課程總監一開始就問我想教什麼科目，我認爲應該誠實說出自己的想法，便告訴她，我希望教授我學到的那些跟腦袋裡的聲音有關的事。我想要學生明白，他們不必去聽那喋喋不休的聲音，他們內在深處有個地方可以讓他們自由。我也告訴她，我想要教導學生，他們置身一個渺小的行星，在太空中旋轉，他們應該好好享受這趟旅程。讓我驚異的是，她說目前唯一有空缺又符合這種授課內容的，是基礎社會科學。這門課是所有大一學生的必修課，他們還需要一位教師來教三分之一的大一班級。她解釋說，教這些班級等於在學校擔任兼任教師。我接受了這份教職，她把我的第一堂課安排在九月份，也就是新校區正式啓用的時候。

這一連串的事件多麼驚人啊！首先，生命告訴我這個夏天去加州；現在，它又告訴我從加州回來後該做些什麼。生命自行開展，我只是順勢而爲。我眞的不知道九月時我到底要在那門課教些什麼，我從來沒有將自己學到的東西教給任何人，更別說是一整個班級的學生。我的「個人自我」開始對這整件事感到不安。爲了改掉他這個習慣，我定下基本規則：在走進教室上課之前，我絕對不要去想那些課，以及應該在課堂上教什麼東西。我打算以完全空白的心走進我的第一堂課，我想要像之前寫那篇期末報告一樣，完全由靈感帶動。我要直接走進教室，看看事情會有什麼發展。

當外在世界的侵擾開始一點一滴偷取我的時間，我更加珍惜在自家土地的獨處。然而，儘管我竭力保護我的隱居生活，人們總有法子找到我。這一次出現了一名叫珊蒂·布恩的女子，她熱中佛教靜心，也喜歡花很多時間在戶外。我不記得她來自哪裡，但有一天她就這麼出現了，開始在我的土地上散步。她很小心地不來侵犯我的隱私，她只是想要待在大自然的懷抱裡，並在戶外靜心。我和她本來相安無事，直到她問我她可不可以在我這塊土地的末端搭個帳篷靜心。我不想答應她，但我又有什麼資格阻止一個人靜心呢？最後，她更進一步大膽詢問，她能不能加入我在星期天早上的靜心，一個小時就可以了。我清楚記得，我答應她的唯一原因，是我腦袋裡的聲音非常抗拒這個請求。

最後，珊蒂開始帶幾個朋友來參加星期天早上的靜心。起先只有三個人，然後是六個人，再來是十個人。我一點都不喜歡這個狀況，卻沒有權利阻止事情的發展。當我的客人在樓下聚會時，我通常就待在樓上獨自靜心。因此，這個「星期天早上在米奇家靜心」的想法便從一九七二年春天開始，之後成爲一項持續了超過四十年的傳統。

與此同時，夏天的腳步越來越近，我該開始準備去加州的旅行了。我想我會住在自己的露營車裡，在那個靈修社區待上三、四個星期，然後及時趕回來上課。開車到那裡花了我十天時間，因爲我一路上仍然持續做靜心的功課。抵達時，我發現這個社區的環境相當有田園風味，擁有廣闊的土地和許多質樸的小木屋。這裡的人看起來屬於腳踏實地的類型，我立刻融入其中。登記報到時，我注意到一些特殊的名牌，那是爲想要靜默修行的訪客準備的。我沒興趣認識人或結交新朋友，那只會干擾我的內在修行。因此，我決定利用這趟旅行，將自己的修行提升到更嚴格的層次：停留此地期間，我要保持絕對靜默。

他們聖堂區域附近已經沒有多餘的露營地，因此我直接把露營車停在最近的泥土地停車場，這裡就是我接下來幾星期要生活的地方。把東西安排妥當後，我開始在他們的聖堂裡做我下午的瑜伽和靜心功課。雖然我習慣獨處，但我當下就知道自己在這裡待一會兒是沒有問題的。這些人明白我追求的是什麼，會讓我自己修行，不來打擾我。我仍然維持一星期禁食三次的習慣，而吃沙拉時，我身邊也總是沒有其他人。我並不是那種善於社交的類型，不過我倒是參加了聖堂裡的晚間靜心和課誦。事實上，我是在那裡第一次接觸到東方的課誦儀規。由於我在守靜默戒，因此沒有出聲念誦，但我可以感覺到房間裡那股上升的能量。

如果不是做了一個夢，停留此地期間我可以一直持續這樣的修行方式。我幾乎不曾做夢，就算眞的做了夢，那些夢似乎也沒有多大意義。某天晚上，我做了一個不尋常卻又明白易懂的夢，對我產生深遠影響。我夢見自己專心一志地修習行禪，有意識地把一隻腳移到另一隻腳前面，如此慢慢走著，前往一處洞口。我平安地走進洞裡，一直往在我前方延伸的黑暗走去。等到四周一片漆黑，我拿起一根插在洞壁上的木頭火炬，將火點燃，繼續前進。我注意到，越深入洞穴，空氣就越來越稀薄。我感受到一股強烈到幾乎令人害怕的決心：我要深入探索這個未知的洞穴，直到找著自己在尋我的東西。沒有任何事物可以阻止我。

我開始看見遠處有微弱的光。我腦袋裡沒有閃過任何念頭，但我直覺地知道那裡就是我要去的地方。逐漸接近時，我可以看見那道光由上而下射進洞裡。越接近光源，空氣就越稀薄，我幾乎無法呼吸，但我還是繼續前進。這經驗和我在修行時體會到的很像。靜心的時候，越是深入，我的呼吸就會越趨緩慢，直到最後自然地停下來。我不知道自己可以維持那種無呼吸狀態多久，但我總會回來，然後大口喘氣。某一刻，我覺得自己走在這個洞裡的感覺，就跟我靜心的那個階段一樣。

我幾乎要走到了。我可以看見千萬縷光線從上方灑到我面前的石地上。我覺得自己似乎會因缺氧而倒下，但我利用意志力踏出最後一步，進入光裡。剎那間，我完全沐浴在炫目的萬丈光芒中。我往上想要爬進光裡，但我的雙手碰到洞頂的金屬格柵。這裡沒有路可以出去。

我的腦袋裡沒有任何念頭，我沒有發出一聲嘆息。懷抱著跟先前領我進入洞裡同樣的鋼鐵決心，我轉過身，開始往回走。我只知道一件事：我必須找到另一條路。

18 放開紀律的繩索

開始了解瑜伽真正的目的

從那場夢醒來之後，我變了一個人。我的思考方式轉變到非常深邃的層次。我第一次質疑，越來越多的紀律眞的可以帶我到我一心渴望到達的地方嗎？那天早上獨自坐在露營車裡，我知道答案是否定的。我通往眞正自由的路，比只是要求更嚴格的約束更加精妙。

那晚，某個比我更有智慧的東西進入我的心靈，重新整理了我和我自己的整個關係。我不再將低層自我，以及他所有的個人問題和肥皀劇，視爲必須摧毀的敵人。我現在以全新的理解看待他。我必須利用這些不安穩的個人能量提升自己。我很清楚，這個「自我」是問題，也是解決問題的答案。我眞的有些同情在我之內苦苦掙扎的那個人。我後來才知道，《薄伽梵歌》說人應該利用「眞我」來提升「自我」，而不是踐踏自我。**我以擺脫他的人性為名，一直在踐踏我的「個人自我」，而我現在必須學習扶起那些能量，讓它們在這趟旅程中協助我。**

我離開露營車，往聖堂的方向走去，覺得整個人輕盈許多，也更爲敞開來。我感覺想要鬆開自己，張開翅膀，但是，我得先做某件事。自從開始進行心智訓練，我就想像自己心裡有個房間，我會把「個人自我」帶進那裡靜心。那個房間有巨大的木門和結實的玻璃牆，而它特別的地方在於：從玻璃牆望出去便是整個宇宙。獨自坐在靜心墊上，人可以看見地球漂浮在漆黑的太空裡，遠處則有群星和各個星系漂浮在無窮之中。只要米奇一有問題，我就會帶他到那個房間冷靜一下。我以前甚至會逗他玩，把他留在裡面。我要他永遠安靜，永遠記得他所有的經歷都發生在一顆漂浮於無盡宇宙中的微小塵埃上。

那天早晨，當我在前往聖堂的路上停下來時，我閉上眼睛，打開巨大的木門，進入那個特別的房間。被我留在裡面、坐在靜心墊上的那個人立刻把身體挺直。隨著我越來越接近他，他變得更守紀律、更專注。和我以前的嚴苛態度截然不同的是，我朝他伸出手，以和善關心的語氣說：「你可以出來了。」隨著這句話而來的感覺讓我羞愧至今，因爲我竟然以爲這樣的修行方式不過是一種無害的心智遊戲。說出這幾個字時，我感受到一種情緒上的解脫，其強度是我以前無法想像的。淚水從我眼裡湧出來，雙腿完全癱軟。我的心裂開來，彷彿發生了某件大事，讓我畢生得以解脫。

這種宣洩式的釋放完成之後，我領悟到一件我永遠不會忘記的事：裡面那個我一直在注視與評斷、害怕不安的人，其實是個活生生的人。我們的心靈是個有感覺、想法、希望、恐懼和夢想的人，他不該被鎖在房間裡，且不斷被要求噤聲。有很多更具建設性的方法可以處理這些不安穩的、自我中心的能量，不幸的是，我必須透過辛苦的方法才學到這一點——親身體驗。

我覺得自己比好一陣子以來感受到的更趨完整，然後，我記起自己在夢裡說過的話：「我必須找到另一條路。」所謂「另一條路」是什麼毫無疑問，我必須學會更加臣服，而不是如此辛苦掙扎。我已經決定臣服於生命之流，即使我不知道它要帶我去哪裡。於內在，我也必須做同樣的事。我需要學習於內在放輕鬆，而不是辛苦地與自己的心智搏鬥。**腦袋裡的聲音在說話，不表示我就得去聽，或是讓它影響我人生的方向**。它跟我沒有關係，我大可不去理會它說的話，儘管放鬆。我又回歸基本了：我是那個注意到有聲音在說話的人。

在這個社區停留的剩餘時間，我不再保持靜默。不是說我變得健談，因爲我並沒有。我只是保持社交上的禮貌，讓別人覺得跟我交談是自在的。我遇見幾位長期待在這裡的住民，聆聽他們個人的生命旅程故事。而儘管我正在經歷變化，我並未改變靜心和瑜伽的功課。這兩樣不是問題，我才是問題。我打造了一套絕對嚴守紀律的心理概念，卻反而將我拖住不前。靜心時，我一直透過把較低層次的能量往下壓，使自己到達高處，但這其實只是一種壓抑。我必須學會引導那些能量往上，而不是把它們推開。這花了我一些時間，但我終於開始了解瑜伽真正的目的。如果做得正確，瑜伽是一門導引所有能量向上的科學，直到它們在最高點融合在一起——合一。

停留了幾個星期之後，我開始踏上歸途。開車回佛羅里達州的那個人更有智慧、更清明了。儘管種子已經播下，我也學到一些非常深刻的功課，我仍然需要花一些時間學習與自己和諧相處。與此同時，我很期待返回自己的土地，回到我在林中美麗房子裡的隱居生活。

19 接受、接受，再接受

靈性與非靈性之間的線開始消失

開車橫越美國時，我的心智保持在相當平靜的狀態。但一回到家，我就面臨一項對我那個「接受」的誓言的重大挑戰。當我開著車穿過森林、進入裡面那片田野時，本來期待這裡才有的寧靜迎面拂來，沒想到入耳的卻是圓鋸發出的嘈雜聲。然後，我看見珊蒂和我的朋友鮑伯·葛德穿著木匠圍裙，爬上一棟他們正在我的土地上打造的建築物。這就是那種「你揉了揉眼睛仍是不敢置信」的時刻。

我出聲詢問這是怎麼回事。珊蒂愉快地告訴我，她正在蓋一間房子，而鮑伯答應幫忙。我不記得自己當時的語氣如何，但我提醒她，她把房子蓋在「我的」土地上了。珊蒂同樣愉悅地答道，她不會要求擁有這間房子的所有權，當她決定離開時，這房子就會是我的。顯然她已經把所有事情都想好了，對這部分沒有任何問題。我想我最好回家靜心一下，之後再來回應。

想像我腦袋裡的聲音正叨叨絮絮地說：天啊！她連問都沒有問過我，就敢擅自做這種決定？我不要我的土地上還有另一間房子。我根本不想要有其他任何人待在這裡，所以我幹麼要另外一間房子？世界上怎麼會有人問都不問，就決定在別人的土地上蓋房子？那個聲音不停地說著，不過，我那時的訓練已經足夠讓我平靜地觀察這些由喜好驅使的心智創造出來的想法。畢竟，如果我想要在自己的土地上蓋另一間房子，那聲音就會說：眞是奇蹟啊！神介入了，開始幫我建造另一間房子，我根本不必動手做任何事。對我而言，那聲音說些什麼都無關緊要。我打心底知道，我根本不會理它，更別說讓它掌控我的人生了。如果我可以利用這個眞實生活狀況，在「順我的意」和「把自己從『順我的意』的束縛中釋放出來」做選擇，我想我每一次都會選擇「釋放自己」。這是我這場生命實驗的核心：如果只剩喜好問題，那麼生命就贏了。因此，我走回山丘，繫上圍裙，幫他們建造珊蒂的房子。

再度建造東西的感覺很棒。我這一次不再是生手，而是貨眞價實的木匠。你第一次做東西和第二次之間的差異是很驚人的。我覺得我知道自己在做什麼，這讓我感受到一種自信和內在力量。我不是在爲珊蒂，或是爲我自己蓋這間房子，是生命之流把我放在這個狀況裡。在建造珊蒂的小屋期間，我第一次開始這個儀式：把自己的工作奉獻給一直在引導我的無形力量。我並未掌控，但生命持續開展，彷彿它非常清楚自己在做什麼。我願意爲那股力量服務——你要怎麼稱呼它都行，神、基督、靈。這些不再只是讓人去相信的某樣事物的名字，帶著我度過人生難關的連串事件對我來說是有形且眞實的。我開始在心裡把自己做的每一件事奉獻給宇宙力量，而我想要的，就是回到我內在深處那個美麗的地方。如果跟隨生命的無形之手可以帶我到那裡，就這麼做吧。

珊蒂的房子非常簡樸，跟我一開始對自己房子的設想很像。她這間三．五公尺高、五公尺寬的小屋沒有電，沒有水管，裡面沒有牆板，外牆上的窗洞則只是簡單地用紗窗和塑膠覆蓋而已。這小屋只花了六星期就蓋好，幾乎沒有任何花費，但她愛死這間房子了。現在回頭去看自己當初的抗拒，我忍不住笑了起來。我那時根本無法想像自己有多少重要的生命經驗最後都與這間小屋有關。

與此同時，夏天結束了，開始在聖塔菲教書的時刻飛快逼近。我遵守諾言，完全沒思考自己要怎麼教那門課。如果我總是把一切掌控在手中，要如何知道生命可以做到些什麼？我帶著全然接受眼前即將展現的一切的心態，走進我在聖塔菲的第一堂課。在學生魚貫進入教室的同時，我讓心智安靜下來，問自己：你有任何值得教給這些學生的東西嗎？在心裡，我知道自己擁有的豐富知識會爲這些學生的生活帶來樂趣和助益。所以，我深吸一口氣，站起來，開口侃侃而談。我當時根本不知道，自己在那一刻已經為我靈性旅程的下一階段——成為教師——打下基礎。

話語自我嘴裡流洩而出，沒有經過任何思考。第一堂課說明一下我們在這門課要做的事，彷彿課程大綱先前就決定好了。這跟我在寫那篇經濟學報告的情形相似，只不過這一次，我注視著一股連續不斷的靈感之流轉化成一場動人的講座。我並沒有在「做」這些事，只是覺察著。

隨著學期進行，同樣的情況一堂課又一堂課地發生。我對於自己在上課時講授的東西感到很驚訝，彷彿我從學校教育獲得的所有知識，以及透過內省靜心和不斷觀察腦袋裡的聲音學到的一切，全被編織在一起，成為一個整體。這門課程的前提集中在一個可能性：宇宙存在著一個根本真相，而人類的所有知識不過是從不同的角度來看這個真相而已。對這項前提的探索牽涉到物理學、生物學、心理學和宗教。這些學問講的全是同一件事的可能性有多大？我以前未曾從這個角度思考事情——事實上，我把時間都用來學習如何不把思考當成娛樂。在我沒有去做的情況下，每一堂課怎麼可能都進行得如此完美？然而，事實就是這樣一堂課又一堂課地展現在我眼前。

這些課的成功勢不可當。學期一開始，教室裡有二十位學生；到了學期末，人數成長了一倍。我記得有一堂課，我簡直沒辦法走進教室。裡頭有二十位正式選修這門課的學生，另外有大約四十位學生不是坐在地板上，就是站在走廊聽課。學生不斷把朋友帶來，我仍然保持心智安靜，不希望自己的修行因爲這些事情分了心。因此，我試著把自己隔離開來，上課時間之前才到學校，下課後盡快離開，也不參加任何教職員會議或學校活動。這麼做並無不妥。那是七〇年代，社會正在進行一場意識革命，而我教的是宇宙思想。隨著時間過去，我的學生和他們的朋友開始在星期天到我家參與靜心。

彷彿這還不夠似的，在聖塔菲開的這些課也爲另一波極具靈性的事件扎下根基。這一次，和我的博士論文有關。我先前不斷告訴葛夫曼博士，我的生活已經把我遠遠帶離經濟學領域，我沒有打算寫博士論文。儘管如此，有一天他要我答應寫一篇東西，任何主題都好，讓他讀一讀，就當作幫他一個忙。我非常敬愛葛夫曼博士，因此答應了他，將此視爲臣服的行爲。那天晚上，我坐在屋裡的地板上，點亮煤油燈，然後問自己，我有沒有任何抵得上這個重大承諾的東西可以寫？我只花了一會兒就發現自己的確有件非常重要的事情要寫，也很希望讓葛夫曼博士讀到。生命似乎給了我這個完美機會，寫下關於腦袋裡的聲音的事，以及所有科學和宗教背後的同一性——如同我在聖塔菲課堂上教授的內容。

以此爲主題，我心裡充滿靈感。儘管知道這不會被認可爲經濟學博士論文，我仍然全心投入去寫。結果，完成的東西有出人意料的命運。我的博士論文指導委員會當中有位教授請一位出版商跟我連絡，不到一年，我的論文便以《尋找眞諦》爲名正式出版了。三十五年後，這本書在亞馬遜網路書店每個月仍然賣出許多本，足可向當初將它帶到這個世界的臣服行爲致敬。

這一連串事件最重要的部分在於，如果我當初聽從自己的想法，這一切都不會發生。捨棄個人喜好，順應生命之流，讓我現在成了木匠、教師和出書的作家。而內在層面，我也有所成長。我在「靈性」與「非靈性」之間畫下的那條鮮明的線已開始消失。**在聖塔菲教書時體驗到的能量，跟我在瑜伽和靜心中感受到的能量是相同的**。靜心時，那股能量會往上流，把我抬離我的日常自我；而當我站在學生面前，那相同的能量會迸發爲一場熱情、眞誠的講座。我不只開始把這一切視爲靈性能量流，也開始了解，進城教書和開車回家靜心這兩件事之間沒有不同。我去教書，是因爲一連串令人驚奇的事件把我放在那裡；我開車回家，是因爲一連串令人驚奇的事件把我放在那裡。這兩個目的地都不是我決定的，而是我捨棄「自我」的結果。慢慢地，我臣服的結果構成了我的人生。**我置身其中的生活是爲我建造，而不是由我建造的**。然而，即使在我最瘋狂的幻想中，我也無法想像這一切會把我帶到哪裡。

20 和監獄收容人一起靜心

透過服務他人遠離自我

一九七三年夏天，我住的地方發生許多有趣的變化。儘管我沒有到處宣傳，不過許多想要回歸自然生活方式的人相繼買下我鄰近的許多五英畝土地。不令人意外地，其中有許多人對靜心和瑜伽很熱中。我仍然自認是個想要隱居在森林裡的靜心者，因此和這些新鄰居的互動並不多。但我必須承認，午後的散步變得更有趣了，因爲我不時看見各種簡樸的小屋在周遭的森林裡冒出來。

有個叫鮑伯．提爾金的人買下我房子正後方的土地。我之前不認識他，不過他熱中瑜伽和蘇非主義，個性非常和善。他雇請我的朋友鮑伯．葛德幫他蓋房子，因此感覺彼此就像家人。有一天，鮑伯．提爾金過來找我，請我幫他一個忙。他和尤寧矯治機構的一名收容人傑瑞是筆友，那是一所重度戒備監獄，在蓋恩斯威爾北方大概六十五公里處。鮑伯答應每隔一陣子就會去探望這位收容人，但他現在必須出城一趟，於是問我願不願意在他離開期間代替他去探望傑瑞。這對我來說是相當奇怪的請求，因爲我在這方面沒有任何經驗，且仍然相當保護自己想要過隱居生活的想法。然而，當腦袋裡的聲音說「不行」時，我的嘴唇卻說出「好的」。我完全不曉得到一所重度戒備監獄見一個陌生人會是什麼情景，不過我很快就會知道了。

一個星期六早晨，我開車北上到監獄，和年輕的黑人傑瑞在指定的探訪區域見了面。我們花了幾小時討論的主題，和我在課堂上教授的內容相似。他顯得相當有興趣，而且是個非常聰明的年輕人。他已經做了一陣子靜心，因此我們也一起進行了一會兒。傑瑞很感激我這次來看他，也希望我再來。我注意到除了我和鮑伯·提爾金，傑瑞的批准訪客名單上沒有其他人。我們一起做的靜心到達驚人的深度，當我離開監獄時，覺得自己被平靜淹沒了。不知怎麼的，置身那樣的環境觸動了我內在深處的某樣東西。還沒踏出監獄大門，我就已經在期待回來的時刻。

第二次去看傑瑞時，他給了我一份驚喜。傑瑞非常喜歡我們的探訪，以及一起靜心的時間，於是列了一張名單，上面有五、六位收容人，他們也想要一起聚會，進行團體靜心。我連絡了主管機關，發現這樣的集會只能以宗教儀式的名義進行。傑瑞認爲自己是佛教徒，我則做過禪宗靜心，因此，我創立了可能是這個北佛羅里達州監獄有史以來第一個佛教團體。我們每隔一週的星期六上午在禮拜堂聚會，對一個像我這種背景的人來說，整個場景顯得相當超現實。抵達監獄時，我會先通過雙圈式刀片刺網圍繞的大門，再走過兩道門，然後是行李檢查和搜身。之後不久，各個監獄分區的擴音器就會傳出一聲叫喊：「佛教徒！」我從內在深處一個非常安靜的地方注視著腦袋裡的聲音在說：「我究竟是怎麼到這裡來的啊？」

這個團體每年都在成長，而當傑瑞被轉到佛羅里達州立監獄之後，我也在那裡成立了另一個團體。一開始把我放進這些監獄團體裡的或許是臣服的行為，不過，一旦在那裡了，我便全心全意投入。每次走進監獄時，我都會感覺到內在的靈性能量流快速增加；和收容人一起靜心，則比我自己一個人在家花好幾個小時靜心進入得更深。我不明白發生了什麼事，但我很期待每次的探訪，把它當作一種靈性提升的經驗。

我管理這些團體的方式和在聖塔菲教書很像。我不做任何規畫，而是讓能量說話。這些人立刻就能理解「他們腦袋裡有個不停說話的聲音」的概念，並且很樂於學習如何讓那個聲音安靜下來，以及處理憤怒、恐懼和強大動力的內在模式。這些收容人全心全意追求靈性成長，讓監獄團體成爲我生命中一個非常有價値的體驗。鄰居鮑伯·提爾金一個原本讓我很抗拒的請求，卻成爲我之後和監獄收容人合作超過三十年的體驗。這些團體的人成爲我延伸家庭的一部分，持續住在我心底深處某個地方。

那是一九七三年夏天，在最不可能的地方，我的心學著敞開來。我被教導要如何服務，這不是我靠自己就想得出來的事。我整個人原以爲通往自我了悟的路是靜心，幸運的是，生命知道得更清楚，而且正開始帶領我透過服務他人來遠離「自我」。

第3部

從出世到入世

21 大師的召喚

學習接受生命預備好的種種關係

即使在森林裡，佛羅里達的夏天仍是酷熱難當。我的房子沒有裝冷氣，加上有一面西向的結實玻璃牆，不能算是眞正的太陽能節能設計。在九月中聖塔菲社區大學的課開始之前，我還有幾個月時間，便又開車去北加州暫住。回家之前，我聽說我的前妻雪莉住在舊金山地區一個瑜伽中心，就設法要到她的電話號碼，打了電話給她。我已經有幾年沒見過她，而發現她顯然和我一樣深深沉浸在瑜伽裡，讓我覺得很神奇。

我開車南下到皮蒙特，找到雪莉居住的地方。再度見到她很開心，我的心覺得非常開闊。她開始帶著我參觀那間作爲居民靜心中心的美麗房子。我們到樓上去看靜心房，而生命再次讓我完全措手不及。房裡到處都是一位人稱「巴巴」的瑜伽大師的照片，我沒聽說過他，不過我也沒有理由知道。我在佛羅里達中北部的森林裡住了幾年，而他住在印度。那位聖人的照片令人著迷，我沒辦法移開目光。我內在的能量流往上湧到眉心，一股極大的平靜籠罩住我整個人。我問雪莉我能不能在那裡靜心一會兒，她點點頭，便去忙自己的事了。

我在那房間裡靜心好幾個小時，閃爍的能量在我體內四處流動。整個房間似乎充滿了能量，某件我不明白的事情發生了。我只知道自己被拉進深層的靜心中，卻沒有經歷平常的掙扎。我在那房間裡待了很長一段時間，等我終於出來時，也該向雪莉道別了。這次的探訪跟我想像的完全不同，原本只是一趟單純的個人旅行，生命卻把它轉變為一次威力強大的靈性體驗。如果這就是此次探訪發生的一切，已經算相當美好了。不過，這只是開頭而已。

九月初回到家，我發現一個我不認識的人住在珊蒂的房子裡。顯然，珊蒂外出旅行，允許她的朋友拉瑪．馬龍暫時待在她的住處。拉瑪非常外向活潑，整個人充滿活力，很快就把我拉進她的世界裡。初次去見她時，她邀請我進入小屋，想讓我看看她把這地方變成什麼樣子。她熱情地招手要我上去閣樓。我爬上沒有刨平的木頭梯子，而當我的頭從閣樓地板的洞鑽出去時，看見的東西差點把我踢回樓下去——整個閣樓都貼滿我才在雪莉住處看見的那位瑜伽大師的照片。

現在，我相信巧合了，但這巧合接連發生在這個國家的一東一西。一九七三年那時候，美國根本沒有多少人知道這位住在印度的聖人，感覺就像他正跟著我。拉瑪立刻對我說，巴巴．穆塔那達（Baba Muktananda）計畫隔年春天來美國，我應該邀請他到蓋恩斯威爾。一開始，我以爲我們只是抱著空想隨意聊聊，直到我發現她非常認眞。我深吸一口氣，試著跟她講道理。我提醒她，我一個人住在森林裡，多年來一直試著盡量不要跟人接觸，哪有那個身分寫信到印度，邀請一名備受尊崇的瑜伽大師到佛羅里達中北部的一座小鎭？跟拉瑪講道理沒什麼用，她仍然堅持我應該以聖塔菲社區大學的專用信紙寫信到印度，邀請巴巴在從亞特蘭大前往邁阿密的路上順道在蓋恩斯威爾停留。

我覺得這點子非常瘋狂。我的心智不斷告訴我，巴巴絕不可能來這裡。我眞心認爲寫信到印度去相當丟臉，但我有什麼選擇？我不是聽從充滿抗拒的心智，就是承認生命已經帶我接觸了這位偉大的瑜伽士，讓我在他的照片前面獲得深刻體驗，然後又把一位超級熱情的信徒塞到我的土地上，迫使我邀請他來蓋恩斯威爾。最後，我臣服了，寄信到印度去。

幾個月後，我收到回音，告訴我會有人來找我討論蓋恩斯威爾之行的可能性。當對方抵達時，我很驚訝來的是一位打扮非常專業的年輕人。而顯然，他見到一名獨自隱居在森林裡的嬉皮也很驚訝。看得出來，他對我的印象不太好。他開始向我解釋，要招待巴巴和他的隨行人員停留一週得準備些什麼。他們需要可供多達二十名人員使用的辦公設備、一間足可容納五十到一百人在週間每天做靈修功課的房間，以及一個可以容納幾百人的週末避靜場地。他非常懷疑我有能力策畫這一切，誰能怪他呢？我是個月薪三百五十美元的社區大學兼任教師，不太符合他們期望的資格。

最後，對方告訴我，我可以看看自己能做到何種程度，他們會再回覆我。這聽起來絕對不像有希望，但至少他沒有斬釘截鐵地拒絕我。在他離開之前，我問了一個重要問題：如果他的團隊想要讓群衆對巴巴產生興趣，會如何宣傳巴巴的世界巡迴之旅？我不認爲一名不會說英語的印度聖人會吸引太多人。他只告訴我，巴巴是個非常有影響力的「悉達」上師，大家會想見他的。我不懂這是什麼意思，但我想自己後來就會發現了。

幾個月又過去了，我們獲知巴巴暫定於一九七五年一月十八日路過蓋恩斯威爾。世界知名的瑜伽大師可能來訪的興奮感，讓我的課堂和星期天的儀式更加充滿能量。事情每個星期都有所進展，直到我被迫稍微擴建自己的房子，以容納更多人。隨著我的書《尋找眞諦》於一九七四年春天出版，更多能量被激發出來。

到了那年春天，拉瑪和珊蒂兩個人來了又走，珊蒂的小屋一直空著，直到一個名叫朵娜·華格納的年輕女子搬了進去。朵娜開始出現在我於聖塔菲開的課時，已經快拿到大學學位了。儘管只比其他學生年長幾歲，朵娜卻更為專注和成熟。她對我教授的內容有非常深刻的理解，出席了我大多數的課，也參加了所有的星期天靜心儀式。她搬進來之前大約有一年時間，我們似乎不時會在鎮上碰見對方。這些巧遇實在發生得太頻繁，我開始好奇這到底是怎麼回事。

珊蒂離開後，朵娜開始幫忙安排星期天聚會的事。她時常在星期六晚上待在珊蒂的小屋裡幫忙準備，並在星期天早上迎接眾人。最後，她索性不回家了。如果我那時知道，她是搬出父母為她購置的舒適公寓，搬進這個沒水沒電的森林小屋，我可能不會這麼快就讓她搬進來；如果我那時知道，我們注定會愛上對方、結婚、擁有一個美麗的女兒，以我當時的心態，我肯定不會讓她搬進來。我還要再花幾年學習臣服，才能夠捨棄靈性上的自我概念，接受生命為我預備的種種特別的關係。

22 和瑜伽大師一起靜心

體驗到靈性能量的傳遞

如果我們眞要招待巴巴來訪，有許多事情要張羅。我們沒有人以前做過這樣的事，因此大夥兒得邊做邊學。首先，我們在歐卡拉國家森林保護區找到一處夏季露營地，在淡季，那裡可以輕鬆應付一場大型的週末避靜活動。接下來，我們放出消息說需要一間大房子，供巴巴的二十位隨行人員辦公和週間的靜心功課使用。蓋恩斯威爾是個大學城，並不以豪宅衆多聞名，但某個人跟我連絡，提供了一間完美的房子，讓我們整個一月份都可以使用。事情的確一步步上了軌道。

週末的避靜活動絕對是事情成功與否的關鍵。如果找不到足夠的人報名，就別期待巴巴來訪了。我和朵娜必須打好幾百通電話、寄郵件到全州各處，以吸引足夠的人。眞正考驗我能臣服到何種程度的，是在家裡裝電話，以作爲所有傳單和電話語音訊息上面的連絡號碼。我們熱情地把消息散布出去，結果也從全州各地獲得廣大回響。

多年來，我一直以爲靈性生活意味著把每一天花在靜默和獨處上，現在我卻四處奔波著要把這件事做好。然而不知怎麼的，我覺得自己比以往更加敞開來、更能連結那股能量流。我保持早晨和晚間的靜心，中間的時間則用在教書和邀請巴巴到蓋恩斯威爾的事情上。我已經臣服到生命之流不再是我選擇順應的對象——這股流動已經接管了我的生活，從不易察覺地引導我，變成駕馭我。我的心智一直告訴我，完成這件事之後，我就會回到原來的隱居生活。如同以往，我的心智又錯了。

在巴巴來蓋恩斯威爾之前，我們獲邀參加他十二月在亞特蘭大市郊的避靜活動。我迫不及待想見到他，此外，預先知道他隔月來蓋恩斯威爾時可能會發生什麼事，似乎是個不錯的點子。我們一行六人擠進我的露營車，就出發北上了。抵達避靜場地時，我們被迎進一座大禮堂，裡面有大約五、六十個人。我生命裡最激烈的其中四天就要開始了。

我記得第一堂與巴巴一起進行的靜心課。衆人被告知他會在我們靜心時到處走動。房裡很昏暗，我看不清任何東西，然而在某個時間點，我強烈感覺到背後有某樣事物存在。那感覺越來越強烈，直到我明白巴巴正站在我身旁。他碰觸了我的眉心，就是我每次都能感受到能量流的那一點。然後，他繼續前進。

我們每天有兩堂這樣的靜心課，而每一次巴巴在我身後走動時，我都能感覺到強烈的能量，但也就是如此了。要整天坐在那房間裡相當困難，我會試著靜心，好獲得一些隱私，卻沒辦法進入自己的內在。我的靜心不僅沒有更深入，我是完全被關在外面了。那段時間我一直是這種感覺：緊閉。我的精神恍惚到無法思考，身體疼痛，腦袋裡的聲音則吵得我發瘋。我決心坐著把靜心做完，但又等不及它結束。

這情形持續到最後一天，我只能說我覺得非常困惑。最後一天早上，我判定或許我在如何和巴巴相處這方面不夠敞開來。我來向一位偉大的靈性導師致敬，但他不是我的導師，尤迦南達才是——在這最後一天，我決定甚至要捨棄這個觀念，完全臣服於眼前的體驗。

當課程在禮堂的前半部進行時，我坐在位子上，開始念誦巴巴教的真言。我一遍又一遍地念著「Om Namah Shivaya」（我向濕婆神頂禮/我向內在的真我鞠躬），而在還不知道發生了什麼事之前，我已經進入深度靜心。外在的所有聲音都停止了，腦袋裡那叨叨不休的聲音也是，我來到自己以前不曾到達的地方，來到心底深處。我覺得自己的心像是一個保護我、愛著我的巨大山洞。我完全沉浸其中，全然平靜。

很快地，又到了晚間的靜心課，巴巴到處走動，輕拍大家。我發現自己被拉回內心那處非常寧靜的地方。靜心時，我感覺巴巴走到我後面。從他身上散發出來的力量非常強大，即使閉著眼睛、面向前方，我還是可以感覺到他伸向我頭部那隻手的能量。巴巴的手掌心來到我頭頂上方那一刻，感覺好像有一萬伏特的電從我脊椎底端跳上來跟他的手會合。整個狀況發生得有如電光石火般快速，剎那間，我不在自己的身體裡了。那個住在身體裡的「我」，那個透過眼睛往外看、透過耳朵聆聽的「我」，那個注意到種種念頭和情緒的意識覺知中心——我不再存在於身體內做著這些事了。我陷入完全驚慌的狀態，試著傾全力抓住與身體的連結。那股往上衝的巨大能量強行將我逐出我在自己之內正常存在的位置。強大如龍捲風的力量試圖把我吹出身體之外，我則拚命掙扎地堅持著。

無論再怎麼努力，我都沒辦法把自己拉回身體裡。當純粹的恐懼讓你發揮超人般的力氣時，那可算是生死關頭了。不過也沒關係了，因爲我連抵抗那股力量的氣力都施不出來。我不知道整個過程持續了多久，等到巴巴認爲我受夠了時，他只是用手撫摩我的背部。他的手碰到我背部中央那一刻，一切都停止了。我立刻落回身體裡，開始稍微適應。我注意到的第一件事，是我的心——它不是在跳動，而是像蜂鳥的翅膀那樣快速振動。我第一個念頭是：這下糟了，這種振動法，心臟撐不了多久的。這個念頭剛形成，巴巴就走到我面前，用他的手在我心臟的位置揉搓。於是，我的心臟立刻開始正常跳動。

我被這個體驗和眼前這人的力量震住了。他是誰？他怎麼可能對我的能量和新陳代謝功能有這樣的掌控力？在他面前，我覺得自己是這麼卑微。我這一生從來不曾感覺如此毫無負擔。禁食、靜心、和「自我」搏鬥這麼多年，我都在做些什麼啊？這個人只不過摸了一下，就帶來這樣的轉變。那一刻，我了解悉達上師是什麼意思了。巴巴不屬於這個世界，他完全來自另一個地方。

23 第一次舉辦大型靈修活動

即使不明白，仍記得臣服

我們被邀請陪同巴巴一行人回到他們在亞特蘭大停留的住所。開著車離開避靜場所的路上，我仔細思考前一天發生的事。巴巴的一位隨行人員告訴我，那種體驗稱爲「夏克提帕特」（shaktipat），是悉達上師給予的特殊祝福，可以喚醒內在一股非常強大的靈性能量。當我們抵達巴巴在亞特蘭大停留期間住的宅第時，他的隨行人員猜想我如今會將巴巴視爲導師了。他們說，被一位現存的大師吸引是很正常的。我哪裡知道呢？這一切都超出了我的理解範圍。

我到外面獨處一會兒。對於前一天發生的事，或是把這一切兜在一起的一連串事件，我都沒有疑問。我記得「臣服於生命之流」的承諾，即使我不明白發生的一切。我走下山坡，來到不見人影的車庫區域。我很困惑，但準備好要感謝尤迦南達的引導。我閉上眼睛，進入內在那個安靜的地方，在那裡，我總能感受到與他的連結。我在裡面往上看，彷彿在說「謝謝你」。突然，我上方的整個空間打開來，進入一片廣闊無垠的區域，感覺就像橫亙在我的意識和「超脫我之外的一切」之間那道紗已經被拉起來了。我立刻感受到自己一直在追尋的「與萬物合一」，這是我有過最強大、最具啓發性的體驗。整個過程只持續了一會兒，但我回到現實世界時，有個聲音在我生命深處回響著：*你認為你到底是在向誰道別？*我感覺尤迦南達在我四周，也從內在滲入我。從那一刻開始，我從未質疑自己與他之間的連結。

到宅第的主屋與朵娜和幾位朋友會合時，他們正在打包行李準備回家。返回蓋恩斯威爾的路上，大家對於幾天後要招待巴巴一事都備感鼓舞。而當他眞的來到這裡，我不敢相信他掀起的熱潮——我們所到之處都僅剩站立的空間。儘管來到蓋恩斯威爾的巴巴不再是年輕人，但只要有人邀請，他日夜都願意講課。那時，我正在進行監獄探訪工作，他的隨行人員告訴我，巴巴會很樂意去監獄探望收容人。我們把一切安排妥當，然後在某天下午陪著巴巴進入重度戒備監獄。收容人都很愛他，而離開時，巴巴指示隨行人員以後要持續到監獄探訪。直到今天，他們追溯全球監獄探訪工作是如何開始時，都會歸結到巴巴前往蓋恩斯威爾城外的尤寧矯治機構探訪之行。

週末的避靜活動最後變成巴巴的世界巡迴之旅到那個時候規模最大的一場。我提早幾天開車到營地，看看巴巴的隨行人員有無需要任何東西。到那裡時，我注意到一棟宿舍建築的前門掛著「VIP」的牌子。顯然，這些是爲特別來賓準備的個人房。一扇門上貼著來賓名單，其中一個名字引起我的注意：R．傅萊德蘭。雪莉的娘家姓就是傅萊德蘭，而她哥哥叫朗尼（Ronnie）。我的心智說道：不可能啦。因此，我走開了。

避靜那天看見朗尼時，我眞的愣住了。我們已經有好幾年沒見，但這不要緊，我和他就像兄弟一樣。我們怎麼可能會在各自走上不同的道路之後，最終又來到同樣的地方？我和他是天差地別的人啊。我在蓋恩斯威爾過著簡樸的生活，朗尼則是芝加哥的一流律師；我爲自己身無長物感到驕傲，他則擁有一輛法拉利、一輛哈雷重型機車，以及一架私人飛機。朗尼住在芝加哥著名的「玉米雙子樓」頂層豪華公寓，客廳牆上掛的是拿破崙的畫像，他怎麼可能會出現在這個靈修避靜活動，還跟一位來自印度的聖人待在一起？

原來，雪莉之前把朗尼介紹給巴巴，顯然他們初次會面就彼此傾心。我在避靜期間跟朗尼待在一起很久，當他要帶著巴巴和幾位隨行人員到迪士尼世界時，還邀請我一起去。朗尼和巴巴之間顯然有很特殊的連結。幾個月後，我收到巴巴在美國新成立的組織寄來的第一封信時，才知道他們的關係有多特別。郵件的署名人是基金會第一任董事長：朗尼・傅萊德蘭。我的思緒飄回幾年前朗尼和我坐在沙發上、而我初次覺醒那一天。我的生命已經完全改變，顯然他也是。

24 建造宇宙聖堂

找到新的覺醒之路

但願我可以說在巴巴離開之後，所有事情便回歸正常，不過並非如此。事實上，一直要到他離開之後，我才開始看見認識他對我的生命造成的眞正影響。巴巴就像一道吹進城裡的風，永遠改變了我人生的方向，從出世（隱居）轉爲入世（服務人群）。這是好事，因爲蓋恩斯威爾的靈修社群受到了鼓舞。有四、五十人來我的住處參加星期天的靜心儀式，其中有半數必須坐在屋外的露台上。再者，我在聖塔菲課堂上的學生也越來越多，尤其是在我的第二本書《宇宙法則三論》出版之後。我家裡的電話答錄機有來自全州各地的留言，稱讚我們辦的避靜活動，並詢問下一次舉辦的時間。這是個正合時宜的問題，因爲避靜活動期間，有位大學教授問我能不能幫他的導師瑪．尤佳夏柯媞（Ma Yogashakti）主辦一場避靜活動——尤佳夏柯媞是來自印度的女聖人，人稱「瑪塔吉」（Mataji）。

生命給我的任務數量已經多到失控，我還是繼續臣服。我個人早上和晚間的靜心是我的避風港，而一整天下來，我會抓住每個機會讓自己安靜，專注於內在。每一次進出車子，我都會放慢呼吸，觀想地球在外太空旋轉；開任何一道門之前，我總會記得自己正要走過一道門，而這道門位在無垠太空裡的這顆微小行星上。幸運的是，往上流到我眉心的能量幫助我把注意力聚焦在那裡。我慢慢開始了解到，這種持續服務的生活，就是我之前在夢裡提到的「另一條路」。**在這條新的覺醒之路上，生活不再是我靈性成長的障礙**。它如今成爲一個戰場，我要在其中保持足夠的意識，自願讓舊的「自我」被剝除。不過我必須說清楚，我內在仍有很多抗拒，需要一一克服。

我不斷被推往爲瑪塔吉舉辦一場避靜活動的方向。我從沒聽說過她，也眞的沒有多大意願，不過我臣服了，而生命再一次爲我預備了出乎意料的事物。避靜活動開始的幾天前，瑪塔吉和我在我的土地上散步，走著走著，她突然停下來望進森林裡。她一動不動地站在那裡好一會兒，然後輕聲說道：「米奇，這是一塊很神聖的土地。將來有一天，這裡會有一座了不起的聖堂，吸引很多人前來。」我清楚記得腦袋裡的聲音嚷著：「等我死了再說！」然而，不到六個月，一座聖堂就會在森林裡的這塊地方建了起來。

瑪塔吉彷彿是被送來這裡開啓把我的隱居地變成靈修中心的過程。避靜活動期間，她不只一次提到米奇的土地上將有一座了不起的聖堂。她每次這麼說，我都會覺得局促不安。接下來那個星期天的靜心儀式結束後，有個人提議如果我們想要蓋一座聖堂，就得開始募集一些資金。有幾個人捐了小額金錢，其他人則願意提供勞力和一些材料。我眞的不想在我的土地上再蓋一棟建築物，但其他人似乎興致高昂。幸好，我現在已經可以很老練地忽略「我」想要什麼，而去順應生命之流。

那個星期天，我走回自己的房子，拿出一張紙，開始設計新的聖堂。短短幾小時，我完成了平面圖和粗略的立面圖。我打算讓聖堂屋頂成爲設計重點，便和我的朋友鮑伯．葛德見了面，兩人決定把聖堂的屋頂設計成蝶形。蝶形屋頂挑戰傳統的屋頂設計，因爲它的中央部分低下來，兩邊則緩緩上揚。從裡面看，聖堂露出屋梁的天花板會是一個獨特且富有動態的結構，看起來就像一雙巨大的翅膀向著天空張開來。

我設計的這座聖堂，面積大約是我房子座位區的三倍大。隔天，我找到最適合蓋聖堂的地點，並著手清理。當然，這正是瑪塔吉先前注視、並宣稱「這裡會有一座了不起的聖堂」那塊地。我估計建造聖堂所需的材料費大約是八千美元。勞力不成問題，我們自己會負責所有的建造工作。不過，那些星期天來我住處的人口袋並不深，我不知道材料費要從哪裡來。

每次我們有需要，錢就不斷進來，有時我甚至不知道是打哪兒來的。工程最接近停擺的一次，是有一天我們發覺材料堆裡的木板只剩一、兩塊。我的幫手打趣說，事情終於發生了：材料用完了，我得讓大夥兒回家了。我答道，只要還有一塊木板，事情就還沒結束。大家停下來吃午餐，我則走出去收信。結果，一個信封躺在信箱裡，裡面裝了兩千美元現金。信封上沒有名字，直到今天我仍然不知道是誰把那筆錢放進信箱裡。這樣的事情發生了一次又一次，令人驚奇的部分是，不只每次我們需要錢時，錢就會出現，而且出現的金額都正好是讓我們進行下一步所需的量。

聖堂就是這樣建起來的。工程花了大約三個月，然後有一天就這麼完成了。一九七五年九月，我們在新聖堂舉行第一次的星期天靜心儀式。大家帶來對自己別具意義的靈性物品當作禮物。一位宗教學教授帶來一尊漂亮的木雕佛像，另一個人帶來一張耶穌的照片擺在聖壇上，我則回到自己的房子取來我最喜歡的尤迦南達照片——自從我搬進去之後，那張照片就一直擺在我的靜心空間裡。

漸漸地，聖堂裡的物品開始包含所有宗教、聖人和上師。如同其屋頂的椽木朝天空延伸，這座聖堂也屬於那些信仰「無限」這個事實的人。聖堂坐落在名為「地球」的行星上，這是一顆在廣闊太空的無垠黑暗中旋轉的渺小球狀體。它繞著一顆恆星旋轉，而單單在我們銀河系，就有數十億顆這樣的恆星。這座聖堂欣然接受所有宗教，造就了它的普世性；而它擁抱宇宙本身，也使它有了宇宙性。因此，我們稱它爲「宇宙聖堂」。

25 開啓心輪

感受到滿溢的愛

神燈精靈放出來之後，就不可能回到燈裡去了。在避靜活動、我的寫作、我的教課和聖堂事務之間，我們還被那些熱中瑜伽和新時代運動的人列入連絡名單中。爲來訪的靈性導師舉辦避靜活動一定是我們該做的事，因爲我不斷接到這類請求。即使在聖堂完成之前，我就已經接下主辦另一位靈性導師避靜活動的工作，而我連對方的名號都沒聽過。彷彿命中注定，這位導師在接下來的許多年成爲我生命中重要的一部分。

亞姆利特．德賽（Amrit Desai）跟我們其他的印度訪客不一樣。他在美國住了許多年，在北部擁有一個大型靈修社區。當他抵達聖堂時，慕名而來的人數多到讓我很驚訝。第一個晚上的集會讓聖堂擠滿了人，而威力強大的課程結束後，我發現自己對亞姆利特的能量非常好奇。我想知道一個人怎麼可能散發出這麼多能量，特別是他並未碰觸任何人。我幾乎有些厚顏無恥了，我想，他是我們的客人，而一個得體的主人應該確保自己的客人有被招待妥當。我深吸一口氣，走進亞姆利特進去的那間客房。他似乎正在靜心，因此我安靜地走過去，在他旁邊坐下。

一坐下來，我就好像可以感覺到與他正在感受的一切相似的事物。我內在的能量流明顯增加，覺得自己彷彿掉進了愛的海洋。這眞是一次深層的靈性體驗。我們安靜坐了一會兒，然後他轉過來對我說：「我本來已經不這麼做了。」他把右手放在我額頭上，我立即感覺到一股溫暖的能量和緩地流進我的身體。這股能量流強大到令我不知所措，我完全被這體驗之美驚呆了。我可以感覺到能量在我體內逐漸累積，往心的方向上升。它將我的心塡得越來越滿，直到整個心猛然打開來。我這輩子從沒感受過這麼多愛。我完全被始於他的手、流過我，然後從打開來的心湧出來的能量流嚇愣了。等到亞姆利特把手從我的額頭移開時，我因爲充滿能量而無法動彈。當我好不容易試著站起來時，感覺好像自己的身體附著了一個強大的磁力場。我無法開口說話，因此只能默默離開房間。

接下來的幾個小時，環繞著我身體的能量力場慢慢被拉回我心裡。我避免碰觸任何人，因爲我注意到「接觸」似乎會讓能量停止。最後，外部的力場消失了，但內部的能量流沒有。我心裡開啓了一個通道，一股溫暖的能量流持續經過那裡。如同我那次在森林靜心之後，一股能量流一直上升到我的眉心，亞姆利特的手碰觸我之後，也留下一道美好的能量流不斷流過我的心。事情發生到現在已經超過三十五年了，這些能量流連片刻都不曾消失過。有時，它們會比其他時候強大，但一直都在那裡。亞姆利特之手簡單的一個碰觸，永遠開啓了我的心輪。

彷彿宇宙的旨意般，亞姆利特的到訪爲我們的生活留下另一個長久的影響。如同瑪塔吉帶來在我土地上建造聖堂的想法，亞姆利特鼓勵人們規律地來聖堂參加每日的靜心。他先前沒有跟我討論過這件事，因此，當他不斷催促大家到我的地方進行每日靜心時，我簡直要昏過去了。這場臣服實驗正在竊取我的生活。早晨和晚間的靜心課對我而言是神聖不可侵犯的，我沒有興趣跟其他人分享這些時刻。亞姆利特不僅鼓勵人們過來，還特地告訴我，我應該每天早晨和晚上都跟大家見面，以支持他們進行每日靜心。再一次，生命沒有請求我做這件事，而是通知我。

我提醒自己，這麼多年來我盡可能努力掙脫「自我」，決心找到另一條路，不讓自己的心智成爲我的靈性顧問。和他人分享我的靜心時間，正是與生命共舞接下來要踏出的那一步。到目前爲止，我看出一個模式：**我不斷被推入一個以幫助他人在靈性**

上成長爲中心的生活，而不是追求我自己的成長。我從未有意識地決定做這件事，也不夠有智慧或無私到可以做出這樣的決定。事實很簡單：我已經決心臣服於生命，而這就是生命引領我走的方向。

建造宇宙聖堂時，我的心智一直告訴我，做這件事眞的很蠢，星期天來我這裡靜心只是一時的風潮，終究會消退，很快就會只剩一棟空蕩蕩的建築立在我的土地上。我忽略所有負面的嘮叨，持續蓋下去，而當聖堂每天從早到晚都有人使用時，我回過頭思考以前那些念頭，現在更是經常帶著後見之明回頭反思那些想法。超過三十五年來，每個星期天都有七、八十人來到這座森林中的聖堂。我們不曾宣傳，甚至沒有設置路標，但每個星期還是都有人過來。同樣地，我星期一、四的夜間講座，以及我們其他的早晨和晚間課程總會有人出席。生命似乎清楚知道它在做什麼，我的心智則如同以往一無所知。

26 個人隱居處成了靈修社區

允許本該發生的一切發生

一九七六年三月，宇宙聖堂正式成爲聯邦認可的非營利組織。我將自己的十英畝地、聖堂建築、朵娜的小屋和我的房子的所有權簽字轉讓給這個組織，我又回到除了露營車之外一無所有的狀態，而這正是我想要的。我將近三十歲了，財務狀況很簡單——我一年的收入少於五千美元，沒有資產或負債，而我渴望擁有的事物都不是金錢可以買到的。我喜歡不必處理財務問題的自由感。我想要讓心智安靜下來，而使生活保持簡單絕對是一大幫助。亞姆利特的團體提議將避靜活動百分之十五的利潤交給聖堂，我拒絕了。我們也沒有從其他任何避靜活動賺過一分錢，讓事情保持這樣的狀態非常美好。

亞姆利特的到訪絕對沒有爲之後的避靜活動或其他導師的來訪畫下休止符。如今，任何地方的新時代社群都知道我們的地址和電話號碼，而無論哪位靈性導師，只要是到佛羅里達州巡迴演講，往往都會順道來這裡舉辦至少一場夜間講座❶。我們連續多年爲瑪塔吉和亞姆利特舉辦年度避靜活動，也爲廣受歡迎的美國籍靈性導師拉姆·達斯（Ram Dass）舉辦過兩場超大型的避靜活動。

到如今，朵娜已成爲我生命不可或缺的一部分。光靠一個人無法完成這麼多事，她完美地塡補了空缺。除了準備星期天的靜心儀式，她還負責所有避靜活動的膳食，甚至允許我把電話移到她的小屋，讓她可以直接處理跟聖堂活動有關的來電。最後，我和朵娜待在一起的時間越來越長，彼此之間也流動著濃烈的愛。之前幾年的種種事件不只發生在我身上，也同樣發生在她身上，這在我們之間創造了強大的結合力。於是，一九七六年夏天，我和她決定讓兩人的關係取得法定地位，我們結婚了。

我得說，結婚的念頭不是讓我很自在。我仍然抱持一個想法，認爲我生活中所有的外在活動都是暫時的，我很快就可以回到整天靜心、做瑜伽的日子。和朵娜的關係迫使我放棄「我認爲事情應該如何發展」的想法。我沒有在追尋愛情或婚姻，但強大的生命之流設法將這兩樣事物都賜給了我。對我來說幸運的是，朵娜自己也是以追求靈性成長爲方向。我們都很享受屬於自己的安靜時刻，結婚之後也不打算放棄各自的房子。

彷彿要證明事情改變得不夠快似地，結束七月前往亞姆利特靈修社區的婚禮旅行、回到家之後，我們發現自己生命的另一階段已經展開了。先前我們開始在聖堂舉辦早晨和晚間的靜心儀式之後，似乎不時就會有人在聖堂的客房借宿一宵。而這次我們回家後發現，我們離開的整段期間不僅有人一直住在聖堂裡，一個叫芮妲·寇茲的誠心求道者甚至住進我的房子。就像幾年前的珊蒂一樣，沒有人想過住進來之前要先詢問，他們就這樣在此處落腳了。我和朵娜剛去參觀一個靈修社區回來，現在看起來，我們應該要住在一個靈修社區裡了。

事實上，我從來沒想過要開設靈修中心，這全是因爲臣服於生命之流才發生的。儘管一路走來，每踏出一步心裡都會有些抗拒，我仍然持續放手。和人分享自己的隱居處無疑不是我認爲我想要的，但那是因爲我不了解服務他人遠比服務自己更崇高。將近四十年後的現在，人們有時會問我，宇宙聖堂社區當初是如何開始的。我有什麼資格回答？我很清楚，這不是我做的。我能提供的最佳答案是：**我捨棄「自我」，允許本該發生的，發生。**

❶ 例如一九八〇年代，一位禪宗老師途經佛羅里達州時，曾詢問可否順道過來共進晚餐。抵達聖堂時，我驚訝地發現《禪門三柱》的作者菲力普．凱普羅坐在桌旁。生命之流神奇地給我機會，讓我當面感謝他在我的靈性旅途中提供的莫大幫助。

第4部

臣服的事業

27 天上掉下來的居家改造案

把每份工作都視為宇宙親自交辦的差事

一九七六年十二月發生一件事，體現了我這項臣服實驗的精髓。如同我不甚甘願地臣服，擔任亞倫·羅伯森的家教、在聖塔菲社區大學教書、邀請巴巴來蓋恩斯威爾，而改變了我人生的方向，我又再度被要求去做某件看起來從我選擇的路歪出去、但最後完美地與我的命運和諧一致的事。

我剛從聖塔菲上完課回來，正在森林裡安靜地散步。轉入一條通往聖堂前方的小徑後，看見的景象讓我停下了腳步：一輛警車停在聖堂建築正前方。整個場景很嚇人，尤其還有一位身穿制服的副警長站在車子旁邊。這麼多年來，我從來沒在這裡見過任何執法人員。副警長大聲對我喊著：「你是這裡的負責人嗎？」我腦袋裡的聲音拚命想要弄清楚這到底是怎麼回事。副警長爲什麼會來這裡？出了什麼事嗎？他往聖堂裡面看，看見那些奇怪的宗教聖像了嗎？這裡是佛羅里達州中北部，我是不是惹上麻煩了？

撇開這些內在的噪音，我設法發出正常的聲音答道：「是的，警官，我是負責人。有什麼事嗎？」諾爾斯副警長指著聖堂，詢問這棟建築物是不是我蓋的。我說是我蓋的沒錯，他又問我能否考慮幫他擴建房子。他似乎很喜歡雪松木打造出來的聖堂呈現的質樸樣貌，對木工部分的品質也印象深刻。他一直在尋找可以幫他把車庫改裝成居家空間的建築商。

我簡直目瞪口呆。我從來沒想過會有這種事。當然，我在自己的土地上蓋了幾間房子，但從沒想過要幫別人蓋東西——更別說是副警長這樣的公務員了。我站在原地好一會兒，腦袋裡出現兩種截然不同的回應。首先，有個聲音在說：絕對不行，我不想做這件事。我很忙，還要到聖塔菲教書，況且我本來就不是建築商。再來，出現了一個安靜平和的覺知，不需要說任何一個字，它很清楚我發誓要臣服於生命，所以我得去看看這件事會把我帶到哪裡。我吸了一口氣，抬起頭看著副警長說：「好的，我很樂意幫你完成你的計畫。」好了，話說出口了，就跟其他幾次一樣。現在，我要來看看這個新的臣服之舉會把我帶進哪個神奇的兔子洞裡。

對我的第一個建築案來說，諾爾斯副警長是個完美的業主。他很清楚自己想要什麼，也願意讓我以「成本加成」的方式做這個案子。這一點很重要，因爲我沒辦法向他提出一個確定的價錢，也沒有錢購買建築材料。鑒於我那時習慣獲得的收入，我很確定我做這項工作收取的費用會比其他人低廉許多。我需要一個助手，聖堂的新居民之一芮妲自願接下這項職務。現在正是她大學的聖誕假期，而她向我保證自己可以拿起榔頭，承擔屬於她的工作量。於是，我們繫上圍裙，開車進城工作。

這份從天上掉下來的工作成爲我以後創立「以愛建造」建築公司的起點。諾爾斯副警長對成果非常滿意，到處大力宣傳。很快地，我就接到許多阿拉楚華郡警局的警官和職員委託的居家改造案。我仍然綁著馬尾，工作時也總是穿著涼鞋，但似乎沒有人介意這些。芮妲只能兼差，因此有些工作是我自己完成的——安裝壁爐、改裝車庫、增建陽台等。我把每份工作都視爲宇宙親自交給我的差事，因爲它的確是這麼做了。如同舉辦避靜活動讓我學會服務他人，爲這些很棒的人進行居家改造工作也變成我靈性修行的一部分。我被賜予機會，將喜悅帶進我甚至不認識的人的生活裡。我眞心喜歡這個工作的這一部分，也會很高興地不收取任何酬勞完成工作。不過，事情的發展卻非如此。我將必須學會接受金錢和做生意。生命正在讓我捨棄靈性上的自我概念，而我一直很有意識地不以另一個自我概念來取代它。我就是全心投入自己正在做的每一件事。在聖塔菲教書、每天早晚在聖堂帶領大家靜心、舉辦靈修避靜活動或進行建築工作之間並無差別，而這些任務有一個共同點：它們都是在我臣服於不可思議的生命之流後被賜給我的。

28 有口皆碑的建築商

宇宙的計畫比想像中宏觀許多

當某件事注定要發生時，看著它一步一步展現是很讓人入迷的事。首先，我必須處理湧進來的錢。我接的都是小規模居家改造案，收進來的錢卻遠超過我習慣處理的金額。我後來知道芮妲有一些簿記經驗，她以前會在暑假期間，在父親任職局長的佛羅里達州農業局的簿記部門幫忙。我從來沒見過有誰可以像她一樣讓手指在加數機的按鍵上飛快舞動。我念大學時副修會計，因此，我們兩人一起建立了公司的帳冊。當我打電話給擁有註冊會計師資格的姊夫哈維，向他尋求設立公司的相關建議時，我想他一定相當驚訝。他幫忙提交成立「以愛建造」建築公司的書面作業，並提議要幫我們看帳，以及處理年度結算申報的事。這一定是全世界最小的一家有註冊會計師坐鎮的公司。如同以往，這一切在我看來相當誇張，直到下一件不可能的事情發生。

「以愛建造」成立沒多久，某個星期天的靜心儀式結束後，大夥兒在草地上聚會。這已經是我們的傳統：在分享熱茶和餅乾之前，大家圍坐成一圈，宣布社區的各項消息。宣布完畢後，一個人走過來對我說，他聽說我目前在做一些建築工作。我點點頭，他又問我用不用得上承包商執照。到目前爲止，我們工作上需要的相關許可證，都是由屋主負責，不過可以擁有承包商執照也不錯，以防未來我們接到比較大型的案子。我跟對方說我有興趣，他告訴我，他有一張承包商執照可以讓我使用。這人看上去就是個虔誠的嬉皮，我根本無法想像他竟然是個領有執照的承包商。我問他是如何拿到執照的，他說幾年前有段時期，郡政府和州政府的發照機關之間有些爭執，那時任何人都可以在塡好表格之後拿到一張承包商執照。他跟著這麼做了，結果就有了一張有效力的執照。這聽起來美好到不像眞的，於是我隔天便打電話到郡政府查證他給我的執照號碼。結果，他們說這張執照有效且紀錄良好，我可以制訂任何協議，讓「以愛建造」合法使用這張執照。

彷彿怕生命之流還不夠讓人肅然起敬似地，我現在成了領有執照的建築承包商。這是件好事，因爲我很快就要在聖堂的地產上進行一樁特別的建築案。朵娜那間三．五公尺高、五公尺寬的小屋對她和肚裡的孩子來說似乎不夠大，而幾個月之前，我根本沒有資源擴建她的房子。結果，我所臣服的完美宇宙之流在我察覺問題存在之前，就幫我解決了。我們沒有改變生活方式，因此，「以愛建造」賺來的資金全數納入聖堂的財產。我把朵娜小屋的一側整個打掉，增建的部分包含擺放嬰兒床的空間，和一間像樣的浴室。

我們的女兒杜嘉黛薇在一九七七年八月出生。亞姆利特、瑪塔吉和其他許多人送她傳統的祝福禮，希望她健康、成功、靈性飽滿。她誕生在一個靈修社區，看她如何在這裡成長會是一件非常有趣的事。

你或許以為，這是我們安頓下來、消化生活中發生的種種變化的時候了。我一向過著量入為出的生活，即使是在聖塔菲擔任月薪三百五十美元的兼任教師時也一樣。如今，在我原本的聖塔菲教職薪水之外，「以愛建造」每個月又賺進幾千美元，我們肯定不需要更多收入了——至少我是這麼認為的。這已經成為我思考（或者說希望）的一貫模式：以為能量流已經完成該做的事，實際上，它才剛開始而已。我順應能量而不是引導能量是一件好事，因為宇宙的計畫總是比我可以想像的宏觀許多。

就在杜嘉出生前，我接到一家商業公司打來的電話，他們想要把蓋恩斯威爾一間酒類商店改建成服飾店。我從沒接過商業性質的案子，不過「以愛建造」的執照被允許進行這類型的工作。那個時候，我已經有一個團隊在做大部分的事，我自己則是開著客貨兩用車到處跑，扮演承包商的角色。我拿到那個案子，不過在開工之前，值得玩味的部分就出現了。一位負責掌控服飾店開張進度的女士打電話給我，堅持要我立刻過去開會。抵達之後，她向我解釋公司改變了計畫，需要我們額外做一些工作。我表示價錢要跟著調整，她聽了相當憤怒，說她不在乎要花多少錢，她要的是立刻把事情做好。她的神情越來越激動，我開始讓自己的呼吸慢下來，把注意力放在眞言上。即使是在那個時候，我還是把世俗的工作當成捨棄「自我」的機會，保持平靜、專注。我客氣但有點開玩笑地問道，她是不是要我立刻開車去我的團隊正在工作的地方，載他們離開工作崗位，先做這些額外的工作？聽到她回答「沒錯，這就是我想要的」，我知道自己陷入麻煩了。我告訴她，這可是非常昂貴的提議，她直截了當地說她的時間表非常緊湊，而且案子進行的整個過程中，她會對我提出很多要求，不過她的公司願意付任何價錢把事情做好。我向她保證，我會盡最大努力幫助他們。

整個案子從頭到尾，這位女士不斷改變決定，並且希望每件事都能在「前一天」就完成。不過，她也不斷投入金錢，以確保我夠積極。儘管要應付各種變化，整個案子的工期還是比原先規畫的縮短了一半。把所有額外津貼、變更工作項目的補償金、超時費加起來，我只花四星期就完成這個案子，卻帶著大約三萬五千美元的利潤回家。我會記得這個金額，除了因爲這比我以往每個月幾千美元的收入超出太多之外，也因爲接下來發生的一件事。

我接到一位鄰居打來的電話，這個鄰居擁有的五英畝土地跟我們的毗連。她先前在自己的土地上蓋了兩間簡樸的小屋，不過她現在決定搬到別的地方。她告訴我，只要我能提前準備好她要的現金，她可以用三萬七千美元的價格把土地賣給我。

如果說我對於自己剛從一個奇怪的案子賺進幾乎等同這個金額的錢感到敬畏，未免過於輕描淡寫。我看見一股讓我一輩子都忘不掉的同步流。這是宇宙計畫的一部分，要讓聖堂擴大到原本的十英畝地之外嗎？我對這樣的擴張沒有興趣，想都沒想過，但這筆錢就在那裡，而它是爲了什麼而準備的已經很明顯了。這一切都跟我沒有關係，我只是個中間人，一個看管者。我不覺得這筆錢屬於我，我從沒要求這些錢，或是特別費心去爲「以愛建造」爭取任何一件工作。那些工作是靠口碑接連而來的，我則是盡自己最大的努力爲它們效力。我現在要做的，便是站到一旁，讓從那件奇怪的案子賺來的錢，被用來以聖堂的名義購買鄰居的土地。

29 因貸款而來的奇妙緣分

神的信差被派來教我運用自己的生命

芮妲和我完成諾爾斯副警長車庫改建的案子還不到一年，「以愛建造」的業務已經成長到我手底下有兩個團隊在做事，芮妲則變成全職的行政經理兼簿記員。我們接到的工作不只越來越多，規模也越來越大。一九七七年九月，服飾店的案子剛結束不久，無可避免的事情發生了：一對年輕夫妻請我幫他們蓋一棟房子。

在那之前，「以愛建造」做的都是整修、改建的工作，融資部分一直是由屋主自行處理。然而，要蓋房子就必須由公司出面向銀行申請「建築貸款」。我名下沒有任何資產，先前我已經把所有東西簽字轉讓給聖堂，而「以愛建造」賺得的利潤也全數捐給聖堂了，因此公司或我都沒有申請初次建築貸款所需的資產負債表。我抱著一種態度：如果我們注定要蓋房子，這部分自然有辦法解決。

我爲「以愛建造」準備了一份檔案，包含我們先前執行過的案子的資料，以及過去九個月的財務狀況。我們尚未賺到十萬美元，爲了顯示我有建造房子的經驗，我把在自己土地上蓋的建築物也列進去。我將準備好的檔案連同貸款申請書送到許多家銀行，而當後續與銀行職員碰面的時間到來，我走過一家又一家銀行，然後一次又一次被拒絕。「以愛建造」顯然不符合獲得初次建築貸款所需的資格。

放棄之前，我跟生命玩了一個遊戲。在把那些拒絕當成「蓋房子不是我們未來的方向」的徵兆之前，我願意再去一家銀行試試。我記得自己坐在蓋恩斯威爾市中心一家優質銀行的大廳裡，等待負責貸款業務的職員，等了很長一段時間，但老是有人被排在我前面。這實在令人沮喪，但我利用這段時間，讓自己專注於放下腦袋裡的聲音針對這個狀況所說的話。我注意到一件事：經營公司遭遇的狀況，和我獨自住在森林裡經歷到的大不相同。而我發現，這對我的靈性成長頗有助益。透過觀察自身心靈受到刺激的不同部分，我可以學習放開它們。不知不覺，我已經可以有意識地利用「坐在銀行裡爲那無可避免的拒絕做準備」的機會，把腦袋裡的聲音說的話拋在後面。如果我臣服於生命的整個目的是要擺脫「自我」，結果還挺不錯的。

終於，那位把其他顧客都排在我前面的接待員要我跟她走。不過，她並沒有帶我到位於大廳的貸款部門，而是領著我到樓上一間可以俯瞰大廳的辦公室。她敲門的時候，我注意到門上的名牌寫著：吉姆．歐文斯，分行經理。我有點嚇到了，但接下來發生的事才讓我嚇一大跳。我被請進辦公室，經理坐在辦公桌後面。他告訴我，儘管我的申請不符合貸款委員會設定的正常標準，他個人卻覺得社區銀行應該試著幫助社區裡的公司。吉姆．歐文斯似乎對我的申請案頗感興趣，之前還特地開車到我的土地，透過我的房子和聖堂的窗戶往裡面看，然後親自把我的申請書交給貸款委員會。而他今天在這裡是要告訴我，這筆兩萬美元的建築貸款已經審核通過，不過他把自己的信用也賭上去了，我最好不要讓他失望。

我該對這個人說什麼？還有亞倫．羅伯森、拉瑪．馬龍、諾爾斯副警長——這些人到底是誰啊？他們就像神的信差，被派來告訴我該如何運用自己的生命：在聖塔菲教書、邀請巴巴到蓋恩斯威爾、成立「以愛建造」建築公司、進一步去蓋房子。我能做的就是感謝他，並保證我寧死都不會讓他失望。

那對年輕夫妻高興極了，而我們最後也幫他們蓋了一間漂亮的小屋。此外，「以愛建造」現在有資格開始建造比較大的、客製化的房子了。遇見吉姆．歐文斯這樣的人，讓我覺得很榮幸。我從沒想過一名銀行經理會特地為一個陌生人做這麼多事，尤其是一個住在靈修社區的陌生人哪。顯然，我還有很多要學習的。

如果我以為自己和吉姆．歐文斯之間的關係到這裡就結束的話，那眞是大錯特錯。過了十年，在我取得生意上的輝煌成就之後，生命之手讓我們兩個人在一個最不可能的情況下重逢。有一天晚上，我在朵娜的小屋工作到很晚，決定休息一會兒。電視上沒有好看的節目，我便開車到蓋恩斯威爾北邊一間新開張的錄影帶出租店，我先前就注意到它了。值得一提的是，我幾乎不在夜裡進城。那晚，除了一個站在收銀檯後面的男人之外，整間店空蕩無人。我在店的後面瀏覽架上的電影時，無意中聽見店員講電話的內容。他正在跟電話另一端的人說，他去一家銀行申請一筆營運資金貸款，但聽起來銀行不打算借錢給一間小錄影帶店。我覺得這個人有些眼熟，但怎麼也記不起來對方是誰。等我要去結帳時，我想起來了：收銀檯後面的人是吉姆．歐文斯。

吉姆也認出我了，於是我們聊起最後一次見到對方之後彼此的生活。他告訴我，他已經離開金融界，正嘗試經營自己的生意，當個企業家。我帶著歉意告訴他，我無意間聽見他在電話中提到需要一筆貸款。我仍然記著多年前他為我做的事，便告訴他，或許我幫得上忙。這個提議似乎讓他相當驚訝，但最後還是透露他希望可以借到大約兩萬美元，讓他在提升店鋪設備時，可以應付現金流的問題。這幾乎等於十年前我們角色互換時，他提供給我的貸款金額。我簡直不敢相信會有這種事。我正好在銀行拒絕他的貸款申請之後來到這間店，又正好碰到他在講這通電話——這些事情發生的機率是多少啊?這就好像我在十年後被派來回報吉姆當年的仁慈之舉。不用說,我很榮幸可以借給他這筆錢。

30 持續擴張的宇宙聖堂

兼顧世間工作與規律靈修

到了一九七八年春天，「以愛建造」蓋了優質的客製化房屋、執行了大型的住家改建案。那時，我已經不在聖塔菲社區大學教書。學校請我留下來，但必須是全職，而且要採用標準的社會學教科書來授課。我其實不需要做任何決定，生命已經給了我一份全職工作，職業生涯轉到「以愛建造」的變化已經發生了。跟以往幾個轉變期不同，我這次並未體驗到任何心理抗拒。如同蛇蛻皮一樣，我生命中的這個轉變發生得相當自然。

離開聖塔菲沒多久，我就被職業高爾夫球員湯姆．傑金斯雇用，爲他蓋一棟美麗的房子。後來才知道，傑金斯夫婦在離聖堂不遠處買了一塊地，而那塊地和我們內側的田野之間，只隔了一塊五英畝的地。對我來說，這簡直是另一項奇蹟：我用走的就可以從自己的住處去到客戶家，蓋出最棒的客製屋。我自認這已經夠特別了，但如果我當時知道將來有一天我們會擁有那棟房子，爲聖堂的一些居民提供完美的家，我又會怎麼想？

這就引發了一個有趣的主題：宇宙聖堂的擴張。到了一九七八年底，大約有六、七個人住在聖堂的地產上。我們向每個住在這裡的人收取租金，儘管金額不高，至少免除有人來這裡白吃白住的疑慮。「以愛建造」讓我們學會妥善經營小型企業，芮妲也以同樣的專業態度管理聖堂事務。

彷彿命中注定般，住進我們唯一配有廚房的小屋的人喜歡烹煮素食晚餐。沒多久，大夥兒開始在那間房子出入，成爲晚餐的常客。此外，我們也會在那裡舉辦假日聚會和生日派對，這樣的生活充滿「集體」色彩。我們期望住在聖堂的人維持早晚的靜心儀式，也要付租金，這並不困難；我們還期望他們盡量不要被腦袋裡喋喋不休的聲音影響，這就困難多了。

「以愛建造」似乎不斷賺進剛好足夠的錢，因此每當與聖堂接壤的土地要出售時，我們總能負擔。我跟生命玩一個遊戲：如果鄰近的土地要出售，我們又有足夠的資金，聖堂就把它買下來。能夠放鬆地坐著看哪些合適的人會出現，住進我們買下的房子裡，眞的很美妙。

關於人們如何來到聖堂、最後住下來，背後有好幾個令人驚奇的故事，這些故事對我甘願臣服於生命之流有著深遠影響。這些人彷彿特別被揀選出來，在他們（和我們）靈性成長的適當時機出現。有個學生最後在聖堂住了很多年，或許沒有哪個故事比她的更令人震驚了。我記得第一次見到她，是我在聖塔菲教書的最後一年冬天。我進入教室，學生抱怨裡頭過於悶熱，令他們昏昏欲睡，我便走向一扇窗戶、打開來，用手把新鮮空氣揮進教室。之後沒多久，一名新學生走進教室，找了位子坐下來。我的課堂上時常出現沒有正式選修這門課的學生，因此我也沒多想。而當這名學生開始固定參加聖堂的靜心儀式時，我還是沒有想太多。她對靈修抱著極為眞誠的態度，最終搬進了聖堂地產上的一間房子。直到多年後她才告訴我，她很久以前就想來上我的課，但實在太過害羞，而不敢走進教室。她對我說，她非常感激那個寒冷的冬日我看見她在走道上遲疑不決，便打開窗戶招手要她進來——說出這件事的時候，她的淚水在眼眶裡打轉。聽著她敘述她以為那天發生的一切，我驚呆了。當我說出我這一面的故事時，她發現其實是生命之手在召喚她克服恐懼，走進教室上課。

這類事情不斷發生，讓我衷心承諾要效力於那股力量，使它得以展現。事實上，如果你在一九七八年底問我，我會告訴你，我的整個生命已臣服於宇宙之流，它接管了我的分分秒秒。宇宙之流教我如何在從事世間工作的同時保持規律的靈修，以及如何支持別人這麼做；它教我如何建立和經營一家成功的公司，並藉此資助持續擴展的靈性工作；它教我如何透過爲重要的靈性導師舉辦避靜活動，以及爲人數成長到十二位上下、非常特殊而眞誠的求道者提供住處，來服務他人。我把這項工作「看作」一件會持續以直線方式成長的事，根本沒想到自己其實什麼都還沒「看見」。我尚未理解，自己目前爲止學到的一切，只是爲接下來要發生的事打下根基。沒有人猜想得到，我這個臣服實驗早期階段發生的一切，只是一枚往星空前進的多節火箭的「發射」階段罷了。

31 「怪物」的蛻變

在最不可能的人身上看見臣服

聊到聖堂在一九八〇年代的驚人成長之前，我應該分享自己生活的另一個面向，這個部分教了我許多與「臣服」有關的事：我的監獄探訪工作。不管多忙，我每隔一週的星期六上午都會去監獄服務。芮妲自學校畢業後立即加入這項工作，並負責與收容人之間越來越頻繁的信件往來，也會帶著他們要求的靈性書籍過去。在必要的狀況下，我會重新安排自己的生活，以免錯過任何一次探訪。

要清楚說明那些被關在重度戒備監獄的人對於獲得內在自由有多眞誠並不容易。高牆可以關住他們的身體，但沒有任何事物可以囚禁他們的靈魂——除了他們自己的心智。他們在一個很深的層次上看清這一點。我教他們靜心，也教一些瑜伽動作，但我們討論的大多還是如何捨棄「自我」。他們學習觀察自己腦袋裡的聲音，學著不要聽從那個聲音說的各種廢話。我講完之後，就是團體分享時間。有時候，某個人會敘述自己在這星期聽到腦袋裡的聲音要他做些蠢事時，所發生的一件事。他提到在那有所覺察的短暫時刻，他可以選擇聽從那個聲音，或是忽略。毫無例外地，這名收容人在敘述這個故事時總會笑著說，過去的自己一定會選擇聽從，並做出破壞行爲；但這一次，他就是忽略那個聲音。聽著他們互相分享該如何捨棄自我，我的心都要融化了。對於生命機緣湊巧地將我放進這些團體分享時刻，我找不到話語形容自己覺得多麼榮幸、多麼感激。

這個團體中的多數人都被判處無期徒刑，但不時會有人被轉送到另一個機構。長期待在尤寧矯治機構的人彼此已建立很深的連結，在靈性生活上也相互鼓勵。團體中的某個人深刻領會種種教導之後，往往可以帶領其他人。接下來我要說個故事，主角是一個不可能臣服的人，而我之所以要提到這個故事，是因爲它描繪出對臣服的深刻理解。

我第一次見到大衛時，是一九七五年。我帶領的團體正在尤寧矯治機構的禮拜堂樓上聚會，一名彪形大漢走到前面，在我附近坐下來。他的身材像個職業美式足球選手，身形巨大但不胖。我講完話之後，他走到我身邊說：「嗨，我叫『怪物』，是『亡命之徒』的成員。」我聽過「亡命之徒」，那是一個像「地獄天使」那樣的摩托車幫派。我站起來伸出手，說道：「嗨，我是米奇。」這是我第一次遇見叫「怪物」的人。

「怪物」襯衫上的名牌寫著：大衛．克拉克。那天之後，每一次的聚會他都會出席。這個團體絕大多數是黑人或西班牙人，身爲南方白人的大衛顯得很醒目。我很好奇，一個有他這種故事的人爲何會留在這個團體裡？漸漸地，我發現他非常誠心地想要改變自己，並在靈性上有所成長。他開始跟我要些書去看，先從尤迦南達的《一個瑜伽行者的自傳》看起。幾次探訪之後，我注意到「怪物」隨身帶著一張尤迦南達的照片。他眞誠而聰明，卻曾經是這個國家最凶狠的摩托車幫派領導人之一，因爲自己做過的事被判處好幾個無期徒刑。我不知道該怎麼想這樣一個人，但我可以告訴你，我覺得自己對他有滿滿的愛，也很榮幸生命在他靈性成長的這個重要階段讓我們聚在一起。

大衛通常會在課程結束後過來問我一些非常深奧的問題，那些問題是一個長期靜心的人才會提出來的。事實上，我從大衛和團體其他成員的互動中看得出來，他一直在爲自己那個監獄分區的人安排靜心課。這件事持續了很多年。大衛成了領導人，而且顯然贏得團體其他成員的友誼和敬重。

有一天，大衛靠近我，跟我說發生了一件事，關係到他能否繼續來參加聚會。他敵對幫派的幾個成員多年前死了，現在有關當局顯然發現了他們的屍體，而大衛和其他幾名「亡命之徒」都會被起訴。他似乎並未受到事件轉折的干擾，事實上，他將之視為償清他過去一些業債的方法。他以前做了壞事，現在想要利用這機會贖罪。大衛面對這個狀況表現出的全心臣服和平靜，讓我覺得卑微。

等待審判期間，大衛被監禁在高度戒備的禁閉室，那個禁閉室位在一棟名為「岩石」的建築物裡。「岩石」從一九二五年開始成為尤寧矯治機構的牢房區，裡頭的生活環境非常糟糕，一九九九年終於被法院下令拆除。大衛被關在禁閉室時，獄方不讓我見他，不過他寫信告訴我，他一天花好幾個小時靜心、唱誦。

當亞姆利特計畫南下帶領他的年度避靜活動時，大衛寫信跟我們說，如果可以和亞姆利特這樣偉大的瑜伽士見面，對他的意義非常重大。大衛很清楚，鑒於他目前的狀況，這種事不可能發生，但我們可以從信中感覺到他虔誠的心意。我把大衛的信寄給亞姆利特看，並詢問如果我可以安排，他願不願意去探視大衛。亞姆利特以前沒去過監獄，但這封信和大衛的人生故事讓他相當感動。他的回答很簡單：「我怎麼會不願意？」

我動用自己在監獄的所有人脈。這些年來，我和監獄的牧師變得相當友好，而由於我們持續捐獻，典獄長也很熟悉我這個人。「以愛建造」成立之後，我們每年都會捐出數千美元，用來改善監獄的禮拜堂，並幫助牧師服事收容人的需求。

最後，我終於收到准許亞姆利特和大衛見面的通知。會面的條件相當嚴格：大衛不可以出來，我和亞姆利特必須進入「岩石」的禁閉室區域見他。我永遠不會忘記那一天。亞姆利特穿了一件聖潔的米色長袍，走動時長袍會隨之擺動。穿過大門、進入監獄時，我們保持安靜，因為亞姆利特想要感受住在這裡面的感覺。我無法明確描述走進「岩石」的感覺。我們經過的每棟翼樓，一面是連綿的鐵條牢房，另一面則是石牆，目光所及之處看不到任何色彩。但我們的目的地不是這裡的任何一間牢房，而是繼續被領著走過那些翼樓，最後來到一處沒有窗戶的黑暗區域，這裡才是「岩石」的禁閉室區域。我們被領進一間燈光昏暗的牢房，這一定是用來會面的地方。這間單人牢房的正中央立著一具骯髒的馬桶，房裡除了一張小小的破桌子和三把椅子之外，再無一物。我和亞姆利特在搖晃的桌子旁各自坐下來，幾名獄警站在我們四周。

過了一會兒，大衛被人帶了進來。他戴著手銬、腳鐐，但在我眼裡，他看起來很美。我很高興再度見到他，相互擁抱之後，我把他介紹給亞姆利特。我們都在桌子旁邊坐下來，大衛坐在亞姆利特正對面。我們坐了很久，大衛的頭一直低著。而當亞姆利特念誦完眞言之後，房間裡的能量感覺起來就像在聖堂一樣，強烈到幾乎讓人無法思考。我們沒人說話，直到亞姆利特問大衛，他此刻有什麼感覺。大衛抬起頭說話，這是我第一次看清他的臉。淚水順著他的臉頰滾落，他的臉在柔和的燈光下顯得容光煥發。他呢喃般地輕聲說道：「我想，我感覺到你們給我滿滿的愛，因爲我整個人完全被愛淹沒了。」這就是我們那天唯一聽見的話。我們又沉默地坐了一會兒，然後獄警就帶著大衛回禁閉室了。我和亞姆利特被護送離開那個黑洞，經過一排排翼樓，走出「岩石」。獄警留下我們自行找路回到監獄大門。

等我的眼睛適應陽光之後，腦中只有一個想法。在這地球上，人們住在許多不同的地方，有些是高處，有些是低處。大衛被單獨監禁其中的那個黑洞，眞正的獄中獄，必定是一個人在這個地球上所能淪落最低的地方之一，沒有多少地方比那裡更低了。然而，他對靈性修行的眞心誠意，卻吸引了這星球上最崇高的人之一進入那個黑洞裡。

我沒有機會問大衛他那天體驗到什麼，但他離開的時候臉上發著光。我記得那晚亞姆利特把手放到我前額時，我體驗到的感覺。而當我了解到，我親愛的朋友大衛會在他的後半生持續體驗到那份無與倫比的愛時，一股深層的平靜淹沒了我❷。

❷大衛在審判時聽憑法庭處置。根據他的獄中行為紀錄，他獲得跟先前相同的判決，不需要增加任何一天刑期。經歷這場嚴峻考驗之後不久，大衛被轉出尤寧矯治機構。我聽說他在新地方贏得「可靠收容人」的稱號，得以在禮拜堂工作。之後，我和大衛就失去連絡了。

第5部 事業規模超乎意料

32 從個人自我到個人電腦

不尋常的事件以完美順序一一呈現

一九七八年秋天，某件事毫無線索地發生，再度改變了一切。回頭看你人生中少數幾個決定你命運的時刻真的很有啓發性。如果生命沒有給你那些時刻，或者，假如你以不同的方式和那些時刻互動，會怎麼樣呢？隨著時間過去，每一件事都會不一樣。

我以爲我那時已經知道自己的使命了：盡最大努力經營「以愛建造」，並用賺來的錢資助透過聖堂執行的美好工作。如同以往，我錯了，錯得離譜。生命爲我預備的，在規模和領域上都大多了。我那時根本無從想像，我最後會經營一家年收入達三億美元的電腦軟體公司，手底下有兩千三百名員工，而我甚至不需要離開阿拉楚華郡的森林隱居地，也不必暫時擱下靈性上的追求。一連串的生命事件到底是如何促成這一切的，尤其是在我這輩子從沒碰過電腦，也很滿足於自身財務狀況的前提下？我今天坐在這裡，如果必須回答這個問題，我會說出「臣服」兩個字。我自己的臣服實驗教會我要永遠活在當下，並盡全力不讓個人喜好為我做任何決定，而是讓生活的現實狀況決定我該往哪裡走。到了那個時間點，生命無疑已經帶領我走上一段令人難以置信的旅程，而它即將要做一些更不尋常的事，改變我接下來三十年的人生。如果你想知道這些不尋常的事件如何以一種完美安排好的順序一一呈現，我很榮幸可以分享這個故事。

這一切是從平淡無奇的一天開始的。我走進附近一家電子產品零售商「睿俠」的分店，想買個「以愛建造」需要的東西。正要走出去時，我注意到有個塑膠打字機鍵盤連接到十二英寸的電視螢幕，那兩樣物品上面擺了一個寫著「TRS-80電腦」的小招牌。彷彿命中注定般，我正巧碰見市面上出現的第一批個人電腦。出於好奇，我走近那項展示品，用手指敲打了幾個按鍵。接著，彷彿變魔術似地，我碰觸的那幾個按鍵上的字母竟然出現在上方的電視螢幕裡——我這輩子從沒見過這種事。我念大學時只上過電腦入門課，都是利用打孔卡片來演算，我們甚至不准靠近實際跟電腦連結的工作站呢。

我完全迷上睿俠的那項商品，它打開了我心裡某種只能以「一見鍾情」來形容的東西。我站在那裡玩那部機器，玩了好久。我輸入簡單和複雜的數學計算，然後看著螢幕上跳出來的結果驚訝不已。我最後不得不硬逼自己離開那項展示品，但我知道自己還會回來。自從第一次碰觸那部機器之後，我內在最深處發出了一聲呼喚，而我別無選擇，只能臣服。幾天後，我回到睿俠，拿出六百美元買下他們最好的電腦。我其實不知道帶這東西回家後要做什麼，只知道自己注定擁有它。

我的第一部電腦是睿俠的TRS-80第一代，只有十六K位元的記憶體、十二英寸螢幕及一個標準卡帶作爲儲存空間。在那時候，這就是電腦的全部配備，附帶一本簡單的BASIC程式語言使用手冊，就這些了——基本上還是得靠自己摸索。

把電腦帶回家後，我埋頭學習所有的程式指令，想知道它們能做什麼。不知爲何，這一切對我來說相當自然，我彷彿不是在學新東西，比較像是試著記起自己早就知道的事物。一在這部機器旁邊坐下來，我的心智就變得很安靜，非常像是進入靜心狀態。能量往上升，完美地聚集在我的眉心，一股平靜的感覺籠罩全身。顯然，我注定要跟這部電腦一起工作。我不去質疑這一點，只是持續臣服於眼前發生的事。

電腦出現之前，我已經有兩份全職工作：「宇宙聖堂」和「以愛建造」。爲了找時間研究我的新電腦，我開始在晚間的靜心課結束後回去工作。我時常工作到凌晨一、兩點，睡上短短的三、四個小時，再起來進行早晨的靜心儀式。研究電腦時，我充滿各種靈感，絲毫不覺得疲累。即使在那個時候，我就已經清楚知道一件很特別的事情正在發生。

我抱著好玩的心態寫了幾個程式，只爲了看看這東西有多大能耐。不過幾個星期，我就判定自己已經準備好要寫出眞正的程式了。我給自己的第一項任務，是替「以愛建造」寫一套會計系統程式。我得自學所有的東西，睿俠的店員完全不懂程式設計，我也不認識其他任何可以聊這件事的人。我以試誤法爲師，不斷嘗試。

完成「以愛建造」的會計系統後，我的程式撰寫能力進步神速。此外，我也和睿俠的店經理成爲朋友，每次一走進店裡，我就會把我完成的工作的列印資料拿給他看。他對我讓這部機器做到的事印象深刻，便問我他可不可以介紹一些客戶給我。讓我驚訝的是，他介紹的都是要我幫忙寫程式的人。突然間，我有了新生意。儘管看起來非常不可思議，這個渺小的起點卻使得價值數百萬美元的全國性軟體公司「個性化程式設計」得以誕生。

如同我決定隨順生命之流後發生的其他每一件事，「個性化程式設計」是自己發展起來的，沒有會議、營運計畫或創投業者。跟「宇宙聖堂」和「以愛建造」一樣，**我只是接受挑戰，以服務發生在我身上的能量**。我從沒離開森林，來到我身邊的這一切並不是應我的要求或渴望而來的。幸運的是，我眞心喜歡幫助他人。我不在乎大家來我這裡是想要我告訴他們如何讓腦袋裡的聲音安靜下來，或是幫他們蓋屋子，或是幫他們寫一套程式——對我來說，這些都一樣。我熱愛寫程式，也喜歡用這項才能幫助別人。

一開始，我接的都是小案子，也不知道該怎麼收費。我替一位佛羅里達大學的教授撰寫評分程式，收了三百美元。我是個完美主義分子，非得不斷地修改再修改，弄到最完美，才願意交給他。一開始投入程式設計事業，我就要求自己，我寫出來的每一行程式都必須是我所能做到最好的。酬勞不是問題，每一件事就是必須完美。

一九七九年期間，我開始花越來越多時間獨自坐在房裡寫程式。睿俠的店經理問我他可不可以把客戶介紹給我時，我根本不知道自己該期待些什麼。我開始接到來自蓋恩斯威爾市內所有睿俠分店的電話，還有遠從傑克森維爾市打來的。很快地，我接到的詢問電話超過我能處理的數量。因爲學過經濟學，且了解供需法則，我開始提高寫程式的費用。這沒有多大幫助，工作還是不斷湧進來。那時我開始注意到，每一個案子似乎都以將我提升到程式設計事業下一層次的完美順序接連而來。毫無疑問地，儘管我獨自在森林裡工作，生命還是在把我轉變成專業的程式設計師。

不用多久我就明白，寫客製軟體要耗費很多時間，我最好還是銷售已經寫好的軟體來滿足客戶的需求。我選擇加州一家叫「庚佳系統」的公司賣的一套非常暢銷的會計套裝軟體，成爲它的經銷商。我不記得自己爲何選擇那套軟體，但現在回頭看，我覺得那必定是個受到啓發的決定——我後來跟那家公司的命運有重要交會。

到了一九七九年末，我的工作重心越來越擺在銷售會計套裝軟體，以及相關的硬體和技術支援。我用心爲客戶服務，後來連庚佳系統也開始把他們的顧客轉介給我。如同我先前透過接到的案子學會我所有寫程式的技術，這些新工作也教導我如何分析、執行及技術支援各種規模企業的電腦化。

口碑像野火般迅速擴散，想要向我購買產品和服務的訂單不斷增加。除了庚佳系統、睿俠和我原本的客戶介紹來的人，我開始接到來自整個佛羅里達州大大小小公司行號的訂單。但我只有一個人，也很堅持要參加聖堂每天早晚的靜心儀式，爲了避開需要在外過夜的出差行程，我放棄了那些機會，全然臣服於「靈修優先」。要不是詹姆士出現，我可能會那樣持續下去。

詹姆士．皮爾森是個眞誠的求道者，剛搬進聖堂地產上的其中一間房子。彷彿要讓事情更完美，詹姆士還擁有飛行員執照。有一天，他無意中聽見我在討論我沒辦法接下不在市內的客戶訂單，便提議開飛機載我到處跑。假如我們租下一架單引擎小飛機供出差使用，詹姆士收的費用簡直合理到不行。因此，我們開始在白天開著飛機去拜訪那些不在蓋恩斯威爾市、願意支付額外費用來獲得服務的客戶。這些客戶往往是面向高端消費者的企業，例如西棕櫚灘市有個客戶就是私人飛機代理商。有生命當我的老師，我這個來自阿拉楚華郡森林、不穿西裝的嬉皮，一點一滴地學習如何以專業的態度和成功商業人士打交道。我的成功方程式很簡單：無論擺在你眼前的是什麼事，都以全部的心力去做，而不去計較個人結果。**把這項工作當成是宇宙交給你的，因爲它的確是。**

「個性化程式設計」一直是一家令人興奮的公司，讓我如今得以坐在兩人座的小飛機裡，飛在雲端上。我時常往外看向廣闊無垠的天空，好奇著：我到底是怎麼走到這裡的？我搬到森林裡以脫離主流社會，並將整個生活奉獻給靈修。我從來不曾離開森林，也不曾有一刻拿回自己人生的支配權，結果現在全美最富裕的城市之一西棕櫚灘市一家流行女裝公司請我飛過去，幫他們公司進行電腦化。這一切都超乎我的理解之外，我甚至沒受過任何正規訓練呢。這樣的生活簡直就是童話。

33 「醫療經理」的誕生

改變美國醫務管理產業的革命性產品

「個性化程式設計」已經成長為一家成功的一人公司。一九八〇年，我的姊夫哈維建議我將它註冊為股份有限公司。我記得自己當時認為似乎沒必要再成立另外一間公司，不過，我接受他的勸告，把「個性化程式設計」登記在佛羅里達州的管轄之下。州政府給了我一張公司股票，我把它塞進銀行保險箱裡。股票上面有個漂亮的官方印章，但除了我之外，這對任何人都沒有眞正的價值。不過，「個性化程式設計股份有限公司」如今是佛羅里達州的合法企業了。

我眞心喜歡做「個性化程式設計」的工作。說起來，我對電腦的熱情比第一次在睿俠見到它時更強烈了。我安裝的每部電腦都像我的好朋友，而我把它們留在客戶那裡提供服務。我看起來或許像一人公司，但事實上，我把我的員工留在每一位客戶的公司或店裡。它們日夜不停地無償工作，且從不抱怨。

當我開始銷售完整的系統解決方案並提供客戶技術支援時，「個性化程式設計」開始創造超過十萬美元的年收入，這跟我不過幾年前在聖塔菲教書的五千美元年收入相比簡直天差地遠。此外，「以愛建造」的收入依舊很不錯。經過這一切，我的生活方式幾乎沒有改變。兩家公司賺的錢都捐給聖堂去購買土地，以及支付服務整個社區所需的費用。每件事都展現得如此完美，足以讓我的心智安靜下來。大約就在那個時候，我注意到我那些將「世俗」和「靈性」分開的心理概念終於消失了。每一件事都開始呈現爲生命之流的完美奇蹟。

如果按照我的意願，我會繼續朝那個方向過日子，但不知怎麼的，在我的臣服實驗裡，似乎從來沒有「我的意願」這種東西。所以，一九八〇年初，我在一天之內接到兩通電話，開始了我這驚人旅程的下一階段。那兩通電話聽起來沒什麼特別的，兩方人馬都在尋找一套醫療帳務系統，這套系統必須有透過個人電腦處理病患帳務和保險帳務的能力。我手邊沒有具備這種功能的系統，不過我告訴他們會到處找找再回覆。

搜尋一陣子之後，我透過一個在邁阿密的熟人找到一套系統。那是在全美國都有銷售的套裝軟體，安裝上也應該沒問題。我那時眞該多方參考查證的。拿到該系統的介紹手冊和價錢後，我便回覆兩位潛在客戶並報價，完全不知道自己惹上什麼樣的麻煩。結果，一開始測試，我立刻發現那套軟體根本就是廢物，我不可能把它賣給客戶。

我打電話給客戶，告訴他們這壞消息，雙方的回應都一樣：他們聽說我是個很可靠的程式設計師，替很多公司寫過客製化軟體，為何我不能幫他們寫一套醫療業務用軟體呢？

我記得自己當時坐在小辦公室的地板上，腦袋裡的聲音叨叨念著寫軟體要花多久時間，以及賣別人的現成軟體多方便等等。寫一套病患帳務與保險帳務系統的工程比我以前寫過的任何軟體都要大很多，我告訴客戶我可能需要長達兩年才能完成這樣一套系統，可惜，雙方都說只要他們能在研發過程中逐步輸入資料，他們可以等待。我很肯定自己不想涉入這麼大規模的案子，但是，雖然我和那兩家客戶之間尚未達成最終協議，但我答應過要尊敬生命之流。當我發現自己除了臣服於生命帶給我的狀況之外別無選擇，我的心智沉靜了下來。就跟其他時候一樣，**面對自己不想要的，我選擇放開「自我」**。我深吸一口氣，告訴兩家客戶我會盡自己最大努力為他們寫一套醫療帳務系統。

掛上電話後，我伸手拿起我擱在地板上的保險理賠申請書。我稍早就拿到這東西，想知道保險單長什麼樣。我開始思考要如何架構一個程式，以收集和儲存塡寫這個表格所需的各種資料，根本不知道這些最初的想法竟然成爲持續將近三十年的醫療產業電腦化開端。人們時常問我，我怎麼會在一九八〇年就有這個遠見，讓「個性化程式設計」聚焦於醫療產業？現在你知道了，答案其實很簡單：**除了全心全意效力於生命帶到我面前的所有事情之外，我其實什麼也沒做**。只不過，這次我被賦予的任務範圍之大，遠超過我先前面對過的任何一件事。

沒有會議、預算或專案計畫，只有我一個人。我立刻開始編寫之後名爲「醫療經理」的軟體，這套產品最終讓美國的醫療業務管理產業發生革命性變化。我知道這很難理解，但對我來說，編寫程式如同和另一個人類對話。我不必去思考要說什麼或怎麼說，我的想法很自然地直接流到機器裡。寫程式時，我腦袋裡的聲音會以我正在使用的電腦語言說話。我不會先用英文思考，然後再轉換到電腦語言，而是一開始就直接使用那個語言。正因如此，我才可以坐在電腦前寫出結構嚴謹的程式。我們前面討論過靈感，以及它從何而來。貝多芬聽見音樂，把它寫下來——藝術家擁有充滿創造力的想像，然後將它們呈現出來。我從未一下子就在某個偉大的想像中看見「醫療經理」，但每一天，持續不斷的靈感之流讓我清楚知道這個程式必須往哪裡走，我只是坐在電腦前，將自然湧出的各種靈思化爲程式。

我以幾乎令人畏懼的熱情和激情不停地寫呀寫，先是病歷，然後是需要開具帳單的醫療行爲。我做的每一件事都是以拚盡全力的心態做到最好。我不只是爲那兩家客戶寫程式，而是盡己所能寫出最好的程式，作爲獻給宇宙的禮物。靈感的湧動如此充沛，根本不允許我走捷徑，而這份對細節的承諾，最後讓「醫療經理」得以和市面上幾乎所有競爭性的醫療帳務系統區別開來。簡單地說，我想要讓這項產品盡可能完美，而不去計較要花多久時間，或是從生意角度來看整件事有多不合理。

事實上，這整件事本來就不是從生意角度來看的。我覺得自己或許可以把這程式賣給城裡其他一些醫生，卻不曾想過要擴大行銷。由於每件事都開展得十分完美，使得我可以自行吸收程式開發所需的費用。關於「完美」兩個字，我可不是隨口說說。在我編寫醫療帳務系統程式期間，距離聖堂地產約一．五公里處的森林裡開發出一個小型住宅區，「以愛建造」拿到好幾份在那裡建造客製化房屋的合約，這表示我不需要去任何地方處理這些工作上的事。此外，「個性化程式設計」還擁有原本的客戶，我雇用一個年輕人來兼職，幫我爲這些客戶做些小型的客製化程式開發工作。我利用自己以前寫的舊程式來訓練他，也會檢查和測試他編寫的程式。不知不覺間，我以爲自己在訓練他，實際上卻是在訓練自己管理程式設計師——我在不久的將來會非常需要這項技能。後來才知道，我注定要管理數百名高技能的軟體開發工程師。

34 初期的程式設計師

神送來了我正需要的禮物

沒有任何一個神智清楚的人會認爲自己要坐下來獨力寫完一整套醫療帳務系統，然而，我的神智顯然不是很清楚。我接下這個案子，當作生命之流給我的下一個任務。這對我是非常神聖的事。我的整個靈性之路都專注於自己的臣服實驗，爲了不受腦袋裡聒聒不休的雜音干擾，我仍然維持日常的靜心時間，也時時刻刻都在練習集中心思。每一次坐在電腦前準備編寫程式時，我都會深吸一口氣，記起自己在編寫一份獻給宇宙的禮物。我坐在一顆於外太空旋轉的微小行星上，而這就是我被賦予的任務。我從來沒想過尋求協助。

程式寫到一半時，我的守護天使送來了我不曾開口卻非常需要的協助。我們生命中的某些時刻被命運做了記號，而出現在一九八〇年某個秋日的短暫時刻就屬於這一種。當時我正努力穿過聖堂前廊衆多來參加星期天靜心儀式的人，一名年輕女孩走近我。我不認得她，她輕柔的說話聲混在人群的聲音裡，我幾乎聽不清她在說些什麼。彷彿自我介紹般，她說她剛從佛羅里達大學畢業，念書時修過一些程式設計課。她聽說我在做程式設計，想要跟我共事，即使一開始無薪也沒關係。她的名字叫芭芭拉．鄧肯。

我當然很需要協助，但我無法想像其他人可以怎麼幫我。我寫程式時是直接把出現在心智中的一切輸入電腦，沒有任何「鉤子」（預留的程式碼）可讓其他人對應。再說，我不認識眼前這個人，她看起來也非常內向。幸好，我在注視這些於心智中流竄的思緒方面已頗有經驗，不會盲目聽從。我停下來一會兒，吸一口氣，認出這所有的負面想法只是我的心智對「改變」最初的抗拒。我立即放手，臣服於當下的實際狀況：這個人誠心想要幫忙，而我無疑需要協助。我告訴她，我習慣獨自做事，因此不能承諾她什麼，但我願意試一試。我們約好幾天後見面，我也請她先想想她認爲合理的起薪數字，因爲我想要付給她酬勞。

藏在這個突然出現在聖堂的女孩之中的天資和能力超出我的理解。芭芭拉一開始確實相當膽怯、內向，但是在接下來的二十年裡，她不斷自告奮勇接受所有交派給她的工作，並且表現得非常優異。此外，她也開始參加聖堂所有的日常儀式，且在爲我工作後不久搬進了社區。芭芭拉其實是「個性化程式設計」第一個全職員工，也成爲這家公司和聖堂社區的基石。後來我發現，我那天在聖堂前廊遇到的這個女孩擁有聰穎的頭腦和戰士的心。

芭芭拉開始爲我工作時，我已經完成一半的程式設計。我之前不曾眞正把自己的想法用口語表達給任何人聽，因此能夠與另一個人分享自己對整個系統的想像，對我眞的大有裨益。我們合作無間，芭芭拉顯然可以完全接收我的想像並執行，這一點在後來我們增加程式設計師人數時更顯必要。總之，芭芭拉是神送給我的禮物，她在我正需要她時出現，那當下我甚至不夠明智到知道自己需要她。我從來不曾尋找她，她就那樣出現了。

其實，芮妲也是。從第一天起，她就接下公司和聖堂的會計與辦公室管理責任；三十年後，她仍然住在聖堂，管理一切事務。這些人彷彿被揀選出來過著聖堂這種紀律嚴明的靈修生活，同時又完美地適任這些被創造出來的高技能工作。隨著公司生意擴張，我看見同樣的情形一次又一次發生，讓我覺得自己正在和宇宙的完美性共舞。儘管我那時尚未完全了解，但**對於擺脫累贅的「自我感」而言，親眼看見臣服實驗的結果，比我花在靈修上的時間有幫助得多**。我深知並不是我讓這些事件如此完美呈現，卻很榮幸可以看著生命的完美性在我眼前開展。

隔年，我們另外雇用了兩名程式設計師。等到大夥兒完成這套軟體的第一版時，我們總共有四個人做著全職工作。之所以需要額外的人力來寫程式，主要是因爲我和芭芭拉的理念從來不是要用最簡單的方式完成工作，而是以最好的方式。舉例來說，我們寫過最有趣也最重要的模組之一，是印出保險理賠申請書這部分。我記得自己花了好幾天跟客戶討論他們對保險帳務的需求，基本上，你得是個火箭科學家才能理解這些醫院在填寫「標準」表單方面的各種微小差異。不過，我的客戶們堅持這些差異都很必要，如此才能讓不同的保險公司正確支付費用。

我和芭芭拉設法寫出一套模板驅動的精細系統，可以讓醫院自行指定他們想要如何填寫表格，以對應不同的保險公司。我們致力於發展一套可以完美處理醫院的保險帳務需求的系統，這也是這套軟體迅速被市場接受的主要原因之一。在很短的時間裡，採用「醫療經理」的醫院定義出數百個不同的模板，來因應全美國的保險公司。

即使只是第一版，這多少可以看出我們對「醫療經理」投入的程度。我們不斷測試自己的能耐，竭盡心力把每件事情做好。我之前從沒做過任何一件事，對完美程度的要求像這個程式一樣。整套系統完成之後，簡直就像一塊拋光過的鑽石。對我來說，它是個活生生的實體，每次碰觸這套軟體，我心底都會升起無比的敬意。看看創造了這程式的一連串生命事件有多令人驚奇。我覺得這個程式彷彿有自己的生命，我們不過是在這裡爲它服務罷了。

經過兩年的努力，一九八二年初，我們開始爲最初那兩家客戶安裝這套程式。鑒於我們沒有一個人之前寫過這麼無所不包的程式，安裝過程算是相當順利。我從來沒想過那些電腦安裝這套程式之後，會發生什麼樣的事。我們只是全然專注於交出我們所能編寫的最佳系統，因爲這是生命交給我們的任務。完成最初的安裝之後，這套程式的命運就要由它自己展開，如同我目前爲止走過的每一步。

35 產品準備上市

被帶領走上一段無法想像的旅程

隨著這套程式取得重大進展，我很高興看見發展中的種種事件爲我周遭的人帶來好處，尤其是非常努力的芭芭拉。大約在這個時候，我的鄰居鮑伯・提爾金決定搬家，聖堂便買下他的土地。芭芭拉搬進那間房子，而當我們把「個性化程式設計」的五名員工移到聖堂土地上的一棟新建築物裡，她也獲得一間受之無愧的新辦公室。我同樣搬進一間比較好的辦公室，而幾件非常重要的事注定在那裡發生——其中最重要的，莫過於我有一天在電腦前面接起那通冥冥中注定的電話。

我們剛完成「醫療經理」的初次安裝沒多久，我快要寫完這套程式的使用手冊時，電話鈴響了，是我們銷售的會計軟體的代理商庚佳系統打來的。我幾天前曾經打電話過去，回報他們剛上市的一套新軟體有瑕疵，否則，我只是他們一個很小的經銷商，一般來說他們不會打電話過來。

庚佳系統的客服人員自我介紹她叫蘿蕾莉，然後說她對於新軟體出現問題感到非常抱歉。在不斷表示歉意和提出保證的談話之間，蘿蕾莉提到我應該繼續接受他們未來推出的新軟體，因爲他們計畫成爲小型商業軟體的領導品牌。她說他們要將業務擴及一般的會計軟體之外，目前正在尋找傑出的房地產套裝軟體、法務套裝軟體和醫療帳務套裝軟體。

聽到她說出「醫療帳務套裝軟體」幾個字，我眞是嚇了一跳。一開始，我因爲太不好意思而沒說什麼。庚佳系統是矽谷的大型電腦公司，我只是一個住在森林裡自學程式設計的人。沒錯，我過去兩年都在編寫我們自己的醫療帳務程式，不過這套程式安裝在一個醫生的小辦公室裡才幾星期而已。儘管我腦袋裡的聲音一再保證庚佳系統對我這小軟體不會有興趣，我還是深吸一口氣，臣服於當下這一刻，然後告訴蘿蕾莉，我剛完成一套醫療帳務套裝軟體。她正要開口說話，卻突然停了下來。短暫的停頓之後，她說：「稍等一下，我老闆剛走過去，讓我問問他有沒有興趣。」我完全不知道自己該怎麼想。

等蘿蕾莉回到電話上，她告訴我，她的老闆很有興趣看看任何一套可以執行醫療帳務的軟體，她還鼓勵我把剛寫完的使用手冊連同系統程式一塊兒寄過去。掛上電話後，我整個人都愣住了。剛剛發生了什麼事？我從來沒想過要找軟體代理商，然後，這個行業的頂尖商業軟體代理商之一打電話給我這個住在佛羅里達州阿拉楚華郡森林裡的人，還要求看看我寫的系統。我後來才知道，蘿蕾莉在電話中提到的老闆，指的是公司總裁瑞克．梅立奇，他在那當下正好走過她的桌子旁。或許你現在可以看出我爲什麼如此尊敬生命之流了。

我花了一、兩個星期把所有東西弄好，寄到庚佳系統總部。我站在那裡把完成的套裝軟體獻給宇宙時，感覺這一切非常超現實。我一直單純地跟隨生命之流，對任何事物都沒有期待、希望或夢想。這麼多年來，我只是持續地把一隻腳移到另一腳前面，盡自己最大能力爲擺在我面前的任何事物服務。對我來說，我不是一個電腦程式設計師，而是住在森林裡的瑜伽士。幾年前，我以六百美元買了一部小小的、玩具般的電腦，純粹摸索著玩罷了。就在我認定寫軟體實在太耗費時間之後，我卻被「哄騙」，花了人生的兩年時間編寫一套醫療帳務套裝軟體。如今，在我沒有打任何一通電話的情況下，我正要把自己寫的程式寄給遠在加州的一家成功電腦公司的總裁。這種事情是怎麼發生的？即使在童話故事裡也不會輕易出現吧？

幾個星期後，我接到庚佳系統的電話，告訴我他們總裁想要飛到阿拉楚華郡跟我見個面，我同意了。沒多久，瑞克．梅立奇就坐在我辦公室的沙發上，跟我說他想要經銷我的軟體。他說那幾乎是他見過最棒的軟體，他有信心讓它在市場上獲得好成績。我喜歡他的坦白和正面評價，立刻就感覺到跟他合作會很愉快。了解我看待這一連串事件發展的態度很重要：坐在我面前的這個人，是宇宙力量特別揀選出來要把我的孩子帶到這世界上的。如同芭芭拉莫名其妙地出現，最後變成幫助我的最佳人選，這個人或許也是憑空跑出來，告訴我他被派來經銷這套軟體。

我沒有接觸別的代理商或考慮其他任何選擇，而是臣服於生命之流的完美。當我和瑞克握手，敲定接著要準備簽訂經銷合約時，根本不可能知道接下來的幾十年，我們會一起走上一段十分美好的旅程。瑞克和庚佳系統後來成爲「醫療經理」最完美的代理商，也就不令人驚訝了。生命再一次發揮了它的魔力。

庚佳系統九月通知我，他們十一月會在一九八二年電腦經銷商博覽會正式推出「醫療經理」。這個博覽會每年在拉斯維加斯舉行，是全美最大、世界第二大的電腦交易展。庚佳系統計畫在它的超大攤位主打這套產品，因此，我們必須趕緊簽訂經銷合約，然後把軟體的最終版本運到加州去。

結果，聖堂排定那年的十月一日要爲拉姆．達斯舉辦一場大型避靜活動，而那天正好是庚佳系統要我把最終版本寄給他們的截止日。我來不及在動身前往避靜活動場地前寄出軟體，因此在我們開車下去的整段路上，拉姆．達斯都把軟體擺在他的膝上。某一刻，他以一貫的嚴肅語氣問我：「這東西很不錯嗎？」我回答我不知道，它可能不值一毛錢，也可能值一百萬美元。結果，我的答案少了幾個零。我一向很敬重拉姆．達斯，所有在他提倡對自己絕對誠實的氛圍下成長的人對他也是如此。這套軟體在介紹給全世界之前被拉姆．達斯握在手裡，時機的完美讓我覺得很神奇。誰知道這些事情到底是怎麼運作的？我絕對毫無線索。我看著這套軟體被構想出來，看著它吸引了它需要的一切，而且不只是被寫出來，更在一開始就成爲領導者。然後，它神奇地吸引了第一流的代理商，此刻又坐在全世界最受敬重的新時代靈性導師之一的膝上。這套軟體有自己的命運，而它將帶領我們所有人走上一段我們無法想像的旅程。

第6部

自然成長的力量

36 「醫療經理」成為史密森尼學會的永久館藏品

生命的另一項奇蹟

「醫療經理」在拉斯維加斯電腦展上市的景象很壯觀。我飛到那裡去看庚佳系統工作的情況，也和他們公司的員工見面。我這輩子從沒參加過這種展覽，要知道，我常年在森林裡生活。在庚佳系統的攤位上，「醫療經理」的旗幟到處可見。看著你的孩子長到十八歲，然後在高中畢業典禮上接受表揚是一回事；但是，當你的孩子不過幾個月大，卻成爲電腦經銷商博覽會這種規模的展覽中一項備受矚目的專業產品，完全是另一回事啊。庚佳系統的攤位在整個展場是數一數二地大，每位工作人員都很稱職地在介紹這項產品。醫療帳務軟體的市場已經成熟了，攤位上擠滿對此感興趣的人。看見庚佳系統的業務員都在介紹這項產品，讓我很驚訝。「醫療經理」根本沒有任何熱身期，直接從阿拉楚華郡的安靜森林來到拉斯維加斯的一大堆鎂光燈下，一步到位。

我們根本沒有時間自滿，庚佳系統很快就開始跟眾家經銷商簽訂合約，準備銷售這項產品。緊接而來的是一大堆詢問新產品特性的問題，以及客製化的需求。每個醫學專科都想要某樣特定的東西，而幾乎每家醫院的工作人員都希望這套程式在執行上能和他們以往在紙上作業時一模一樣。在這所有的要求之外，產品上市後不到一、兩個月，庚佳系統就通知我，除了這套已經寫好的、很棒的醫療帳務系統，經銷商還會需要預約看診和其他醫療業務管理方面的特殊功能，好繼續成功地銷售這項產品。

我們要如何完成這些要求？在醫療軟體設計方面，我們沒有一個人受過正規訓練或有過經驗，得靠自己把這些全部琢磨出來——我們後來也確實做到了。如果你問我是怎麼辦到的，我會告訴你，我的靜心經驗顯示，所謂的「心智」有兩個非常不同的面向：一個是有邏輯、靠思考驅動的心智，把我們已經知道的東西連結在一起，成爲複雜的思考模式，以想出合乎邏輯的解決方案；另一個是直覺性的、靠靈感驅動的心智，可以注視著問題，然後立刻看見充滿創意的解決辦法。我後來發現，我多年來爲了讓腦袋裡的聲音安靜下來而做的靈修功課，已經爲幾乎持續不斷的靈感打開了門。看起來，**心智越安靜，解決辦法越有可能不求自來**。對芭芭拉來說也是如此。不知爲何，她有能力可以幾乎立刻接收到我看見的創意解決方案，然後幫助我搞定邏輯部分。「醫療經理」就是這樣設計出來的，而這項產品也是我們向自己得以領先業界這麼多年的過程致上的敬意。我們快速設計出軟體的能力成了傳奇。

與此同時，市場對這套產品的強烈興趣實在驚人，我們都快跟不上了。我們似乎在每一方面都被推向極限。以我們為經銷商開設的訓練研討會為例，一九八三年春天，我們在蓋恩斯威爾的希爾頓飯店一間小客房舉辦「醫療經理」第一次的經銷商年度研討會，房間大小可以輕鬆容納十五到二十人；幾年後，我們把那家希爾頓飯店全租下來，包括全部的兩百間客房、會議廳和餐廳；到了一九九〇年代初期，參與研討會的人數已經超過蓋恩斯威爾的希爾頓飯店，以及附近所有旅館的客房可以容納的量。為了找到一間足以容納所有人的飯店，我們必須把經銷商研討會移到奧蘭多舉行。

隨著「個性化程式設計」擴張而來的靈性成長非常深刻。我手邊工作的多樣性，使得我現在的日常生活包含經營聖堂、一星期舉辦三次靈性講座，以及在數百名經銷商面前演講，主題是醫療業務管理。儘管外在有這些變化，我並沒有成為傳統的生意人。我仍然是一個走在靈性之路的人，臣服於生命之流，付出整顆心、整個靈魂完成生命交代的事。我每天兩次的靜心無疑幫助我以正確的觀點面對這一切。

一九八五年對我們而言是里程碑般的一年。短短兩年內，庚佳系統簽下超過一百家經銷商，我們每個月平均安裝一百五十套以上的「醫療經理」。我們爲保險帳務設計的模板空前成功，而且幾乎可以適用於全美所有的保險公司。但是在我可以喘口氣之前，這個產業即將經歷一場巨大轉變。隨著越來越多醫院電腦化，突然之間，電子帳單取代紙本帳單的可能性變大了。日後證明，它的優點多到讓整個產業發生大變動。儘管以紙本開具帳單的傳統方法很成功，但我們沒有別的選擇，只能臣服於這個事實：整個健康照護產業正被推入電腦對電腦溝通的時代。可惜，我們當時對那個主題一無所知。至於我們最後如何在那個領域領先業界的故事，又是另一個向生命之流的完美性致上的敬意。

我記得第一次針對電子理賠舉行設計會議時，我們立刻了解到，最理想的解決辦法是使用模板，如同我們之前爲紙本帳單做的一樣。但是，我們現有的模板設計無法應付電子理賠這一塊。就我們所知，以前根本沒有人嘗試過解決這個部分。我的程式設計團隊普遍認爲我們可能做不到，大夥兒甚至不知道該從哪裡開始，因爲不同的保險公司可能需要非常不同的電子理賠檔案。

儘管如此，我還是不想放棄。就在那個星期，生命的另一項奇蹟又發生了。星期天的靜心儀式結束後，有個人走過來向我自我介紹，說他之前住在亞姆利特的瑜伽社區，想要知道如果他在我們這裡住下來，我有沒有什麼工作可以交給他做。他叫賴瑞．霍維茲，我隱約記得亞姆利特社區的幾個人告訴過我他非常聰明。我評估了他的背景和才能，然後突然了解到，生命或許又把最能解決我們手邊問題的人帶到我面前了。儘管賴瑞完全沒有保險帳務方面的背景，他對我們在電子理賠上的創新做法卻非常有興趣。我決定或許可以讓他試一試。大略向他解釋整個計畫的內容之後，我基本上就是讓他自行摸索，看他能提供什麼想法。

賴瑞獨自研讀了從全美國的保險公司拿來的兩百五十本說明書，詳細提出想要利用模板讓一套程式適用於整個美國的保險公司需要做些什麼。我們執行了這些改變，而「醫療經理」如今擁有一套電子帳單程式，其經過設計的技術遠遠勝過業界其他軟體。我們獲得的回響非常熱烈，賴瑞忙於創造模板，以至於我們必須以他為中心建立一整個部門。保險公司最後定期更改他們的說明書，而二十五年後，賴瑞．霍維茲仍然掌管著公司的電子理賠部門。這樣一個人到底是怎麼在我們需要時自動出現的？

「醫療經理」在電子理賠方面領先業界。我們能夠直接向藍十字藍盾醫療保險公司和聯邦醫療保險在全美各地的機構提出理賠申請，這樣的能力將這套產品推向成功的巔峰。到了一九八七年，「醫療經理」成為美國第一套可以直接透過電子方式在全國五十個州提交理賠申請的醫務管理系統。二〇〇〇年，史密森尼學會將「醫療經理」列為永久館藏品，以表揚它幫助醫療產業電腦化的成就。我們將成千上萬家醫療院所處理業務的方式轉變爲電子形式的這項驚人工作，已經被保存下來，供將來的世代參考。我把這一切視爲生命的另一項奇蹟。

37 醫療產業來敲門

接受生命的在職訓練，成為企業決策者

「個人化程式設計」真的是個異數。公司位在聖堂地產上的一間森林小屋，沒有任何一名員工是老練世故的生意人，或是經驗豐富的專業程式設計師。我們不過是為了執行一項任務，而被能量聚集在一起的一群人。正常來說，成功的企業必須透過發想事業計畫和財務預算，來規畫公司的長遠成長。然而，我們唯一的事業計畫，是試著跟上一路帶著我們前行的生命巨浪；而我們唯一的預算，是在任何可以幫助我們的人出現時雇用他或她。不過，無論我們如何努力嘗試，生命似乎不斷把事情提升到另一個層次。

我在一九八〇年代中期接到的幾通意料之外的電話，正好可以完美說明我們公司如何能夠奇蹟般地自然成長。一九八五年春天，我接到第一通電話，一位自稱「帝國

藍十字藍盾醫療保險公司」副總裁的女子打電話過來。帝國藍十字立足紐約市，是美國提供藍十字藍盾醫療保險最大的公司之一。他們爲了將紐約地區的醫療院所轉成電子理賠所做的部分努力，就是賣給醫生一套醫務管理系統。帝國藍十字一直在開發自己的軟體，但覺得跟「醫療經理」相比沒有競爭力。她告訴我，帝國藍十字想要放棄自己的系統，把「醫療經理」納入公司的自有品牌來銷售。聽到她這樣說，我覺得很榮幸，再也沒有什麼比藍十字藍盾這樣的醫療保險公司願意把你的產品銷售給他們的醫生更好的事了。在我喘過氣來之前，我又接到紐澤西州藍十字藍盾的電話，對方也提出同樣的要求。接下來是南卡羅來納州、喬治亞州、亞利桑那州、夏威夷、密西西比州、科羅拉多州，以及其他一些地方，這些藍十字藍盾醫療保險公司最後都把「醫療經理」賣給所在地區的醫生。我把這一切視爲臣服力量的活教材。這麼多年來，我一直心甘情願捨棄個人喜好，專注於把生命交派給我的事做到最好。我並未期待任何回報，而看見事情開展的美好結果，總讓我覺得謙卑。

到了一九八六到八八年期間，「個性化程式設計」約有十二名員工，多數是程式設計師。我們是一間小公司，但每年光是權利金就可賺進數百萬美元。庚佳系統很快就發現醫療市場有很大的發展潛力，因此捨棄了其他產品，全力銷售「醫療經理」。身爲「個性化程式設計」的負責人，我現在的工作是和這些大企業打交道。我以前從來沒有在這種層級上做事，但如同生命先前提供我「在職訓練」，讓我成為建築商和程式設計師一樣，它現在正訓練我成為一名企業決策者。然而，我經歷過的事情已然多到讓我無法成為傳統的決策者，即使在生意上，我仍然傾向持續讓生命之流扮演我的終極顧問。

隨順生命前進時，我一次又一次看見一個事實：適當的人總會在適當的時刻出現。我真的是全心倚賴那份完美，而令人吃驚的是，同樣的事情持續發生，即使我們公司的律師瑞克・卡爾也熱中瑜伽和靜心。看起來，生命似乎讓我身邊圍繞著追求靈性生活的人，不僅在聖堂，在我的生意上也是。

生命到底如何做到這一點，或許就體現在接下來一連串發生順序彷彿經過精心安排的事件裡。首先是庚佳系統請我們招待一家實驗室設備公司的代表，對方希望和「醫療經理」的開發團隊見個面。庚佳系統會把潛在客戶送來阿拉楚華郡的森林裡是很罕見的，但就這件事情來說，他們沒有其他選擇。他們特別拜託我穿上夾克、皮鞋，還希望我要求每個員工都表現出最專業的態度。我們這位訪客叫保羅・竇彬斯，具有資深技術分析師和產品經理等多方面經歷。

我請公司最上得了檯面的瑞克・卡爾律師去蓋恩斯威爾機場接這位客人。回來之後，他把頭探進我的辦公室裡，然後像《愛麗絲夢遊仙境》裡的笑臉貓一樣大大地露齒而笑。接著，我們的重要訪客走了進來。我注意到的第一件事，是他的上臂戴了一個獨特的飾品，看起來跟尤迦南達習慣配戴的特殊手鐲驚人地相似。結果還眞是如此。保羅．竇彬斯是尤迦南達的信徒，上過他的課，也做了很多年的克里亞瑜伽。可以確定的是我很震驚，但想像一下他的感覺——他為了重要的公事，從聖路易飛過來，要和寫出美國頂尖醫務管理系統的公司老闆見面，結果他走進老闆的辦公室，看見到處都是尤迦南達的照片。

一開始，我們兩人都沒說話。保羅在沙發上坐下來，仔細體會這美妙的一刻。房間裡的能量很適合一位大師存在。我無法睜著雙眼，而保羅顯然克服了這一點。安靜坐了一會兒之後，我問他想不想參觀聖堂。我們沿著兩旁植有樹木的道路往下走，轉進樸實的泥土小徑，進入裝飾著許多大師照片的神聖處所。不需要我多說，這可不是保羅平常那種商務旅行。

保羅把停留時間延長為整個週末，住在聖堂地產上一間面積為三公尺乘三公尺的小客房。到了星期天，他仍然不想離開。保羅顯然是自己喜歡上靜心的，他身邊沒有多少人熱中瑜伽。聖堂的各種活動及蓋恩斯威爾靈修社區的興旺讓他說不出話來，星期天的靜心儀式結束後，他過來問了我一個無可避免的問題：「我可以留下來為你做事嗎？」我心底深處清楚感覺到保羅屬於這裡，他也眞心想要成為聖堂和我們公司的一分子。不過，我覺得他就這麼離開派他來這裡的公司不是很妥當，因此，我告訴他再等一等，看看事情如何發展。

幾個月後，我接到保羅打來的一通語氣相當驚慌的電話。他告訴我，他的公司突然被賣掉了，老闆和許多同事都要離開。保羅遞出辭呈，但他希望以某種方式繼續和「醫療經理」合作。生命的訊息再清楚不過：現在是提供保羅一份工作的時候了。

不到一星期，保羅就帶著一些隨身物品來到這裡。我們讓他暫時住在那間三公尺乘三公尺的客房，直到他找到住處爲止。五年後，他仍然住在那間小客房。我不知道他怎麼處理他的隨身物品，但我知道他都準時出席每天早晚在聖堂舉行的靜心儀式。

保羅是我們公司極爲寶貴的人才，在我們最需要他的時候出現。他加入團隊之後不久，一些重要的國家實驗室開始跟我們接觸，全都希望我們能讓「醫療經理」和他們的實驗室連接。保羅是這個領域的專家，我們則是最早與重要實驗室有電子連線的醫務管理系統之一。沒有保羅加入團隊，我們根本無法在這方面成功。如果回想他是怎麼加入我們的，他似乎是一份來自宇宙的禮物。二十年後，保羅還在爲公司做事，而且直到今天仍和妻子、家人住在緊鄰聖堂土地的一間房子裡。看起來，有些事情注定要發生。

38 聖堂持續成長

將風暴視為改變的前兆

軟體公司的規模越來越大時，早上的靜心儀式也有了全新的意義。靜心和瑜伽不只對於讓我持續內在旅程至關重要，對保持心智清楚也是。當你管理一家許多人賴以爲生的公司時，很多事情都要仰賴你。你的心智需要時間安靜下來，以正確的角度思考每一件事。

冬天早晨結束日出之後的靜心儀式、離開聖堂時，我們經常發現整片田野被茫茫霧氣籠罩著。巨大的橡樹、松樹和山核桃樹從三面擁抱田野，北邊則向著那座綿延起伏的美麗牧草地打開，順著牧草地斜坡往下走到底，有一條兩旁植樹的溪流。光是帶著一個安靜的心智站在那裡，已彷彿置身地球天堂。

然而，一九八八年十二月初一個輕霧籠罩的早晨卻不是這麼回事。走出聖堂的寧靜氛圍，來到靠內側的田野時，我們聽見北邊傳來大型機具的怒吼聲。讓我們大吃一驚的是，一部巨大的推土機及其他開墾土地的設備出現在鄰居連綿起伏的田野上。我們不知道這些機具在這裡做什麼，便走上山坡，來到我那棟緊鄰牧草地的舊屋。我們找到幾個工人，詢問發生了什麼事。他們說，他們已經買下採伐我們鄰居土地上所有樹木的權利。我們北邊那座面積有上千英畝的農場，屬於一對叫威爾伯和茱麗葉的夫妻。夫妻倆爲人相當親切，房子則建在他們土地離聖堂最遠的那一邊。他們家持有那片土地很久了，對於這份地產相當重視。我們不明白發生了什麼事，便打電話給他們。

當我終於連絡上威爾伯，他解釋他們正在清除原始森林的樹，打算栽種濕地松，將來十五、二十年後就能成爲賺錢的作物了。我告訴他，我想跟他談這件事，並詢問他能否暫緩開墾跟我們相鄰的土地，等見了面再說。他猶豫了一會兒，但還是要我請工頭打電話給他。其實，我不知道和威爾伯見面後要說些什麼，但我深切感覺到自己有義務盡力保護那片土地上的美麗森林。

開車前往威爾伯家的路上，我讓自己專注於**對眼前的體驗保持開放**、**接納的態度，這樣才能知道生命要將整件事帶往哪個方向**。現在回頭看，我十分感激臣服教會我以安靜的心智和開放的心，心甘情願地與生命共舞。

抵達威爾伯家時，我實在沒辦法開門見山就請他把夾在我們的地產和那條溪流之間的三十五英畝牧草地賣給我們。我向威爾伯解釋，那片土地上的樹非常美麗，應該將它們保留下來。威爾伯贊同「美麗」這部分，但他經營的是農場，而他們最後決定在整片土地上改種濕地松。我的努力似乎沒有效果，直到我提議要租下那片土地，價錢絕對會讓他賺得比賣掉那些松樹還多。威爾伯是個精明的生意人，我的提議引起他的注意。栽種任何作物都有風險，但簽下一紙穩當的長期租約則沒有任何風險。威爾伯提了一個高價，沒有哪個農夫願意付這種價錢租下未經開發利用的土地。然而，從我們想要保護那片美麗土地上的樹木和牧草地的角度來看，這個代價還是很值得。最後，我們簽下一份長期租約：威爾伯准許我們保存、保護樹林，並使用與我們的北邊相鄰的土地——就是那塊我先前稱爲「樂土平原」的地。

這個經驗只是讓我從臣服實驗學到的東西更具說服力。一件起初看起來像大災難的事，最後有了正面結果。又一次，我看見如果我能處理當前的風暴帶來的風，它們最後可能會吹來一份很美妙的禮物。我開始將這些風暴視爲改變的前兆。或許，當我們有足夠的理由克服日常生活中的惰性時，改變才會發生。充滿挑戰的狀況會創造所需的力量，以帶來改變。問題是，我們常利用所有被激發起來的能量抗拒改變，而不是帶來變化。**我正學習如何在怒吼的狂風中安靜地坐著，等著看自己被要求採取什麼**

有建設性的行動。

假使那片土地的故事到此告一段落，我仍然會把它當成來自宇宙的禮物，但這故事離尾聲還遠著呢。就在簽訂租約的一星期後，與我們社區中心部分接壤的另一塊土地也要出售。令人注目的是，一旦買下那塊地，我們剛承租的土地最後會沿著我們所有地產的整條北部邊界延伸，把所有東西都連在一起。

看見這一切如此發展，眞讓我覺得喘不過氣。我在跟生命玩一個遊戲，每次它移動一步，我嘈雜心智的一部分就會消失。我爲何會被需要？每一件事自行開展的結果都比我所能想像的更好，更別說是「做」了。我之前說過，只要毗鄰的土地要出售，而我們有足夠的現金，我就會買下來。包含承租的地在內，聖堂現在的土地總共有八十五英畝，而我們很快就會發現，這塊租來的地注定在生命爲我們預備的事物當中，扮演更大的角色。

跟著聖堂土地擴張或公司迅速成功一起發生的不只是奇蹟般的事件，非常不可能的小事也經常發生，把人的理性心智一小塊一小塊剝除。其中一件令人覺得驚奇的事，發生在八〇年代末期我有一次到波士頓出差時。因爲有許多藍十字藍盾醫療保險公司把「醫療經理」當成自家品牌銷售，我接到麻薩諸塞州藍十字藍盾的電話，希望我過去跟他們見個面。抵達波士頓時已經接近傍晚，我簡直要餓壞了。我整個早上忙來忙去，一整天都沒吃東西。旅行時我不想吃垃圾食物，心裡盤算著在旅館登記入住後，要找一間舒適的素食餐廳吃頓飯。我對波士頓完全不熟，不過，我租了一輛車，找地方吃飯會有多難呢？

開著車尋找旅館門房建議的餐廳時，我徹底迷了路。開了將近一小時後，我來到哈佛廣場。我在這個區域繞來繞去，想找間素食餐廳，卻什麼也沒發現。在波士頓這樣的大城市，我本來是希望吃一頓高檔素食的，如今卻覺得可以吃到糙米和蔬菜就非常開心了。我決定不要再開著車盲目尋找，直接在旅館叫客房服務——如果我找得到路回去。不知怎麼的，我再度迷路，最後又回到哈佛廣場。我突然想到，或許宇宙試著要告訴我些什麼，因此，我停好車子下車來。

這一次，我更加仔細地往四周瞧，看看是不是有什麼小地方或許有賣一些素食。我注意到大樓之間有些窄小的巷弄，車子開不進去，不過走道兩旁有商店。我往其中一條巷子走進去，看哪，前方十五公尺處有個小黑板寫著：「今日特餐：糙米和新鮮蔬菜。」我低下頭，半是安心半是感激，但我很快就會發現事情遠不只如此。

那個招牌指向一道狹窄的階梯，我往下走，來到一間小餐館，正好符合我的心情。我點了餐，而在享受生命帶給我的這美好的一餐時，一股深沉的平靜籠罩著我。然而，有一件事干擾了我平靜的休息時光。自從我走進這間餐館，收銀檯後方的男子就一直盯著我看，多少讓我感到不自在。當我吃完飯，走過來把帳單交給我的不是服務生，而是那個站在櫃檯後方的男子。我伸手拿皮夾時，他問我一個問題：「不好意思，請問你是米奇·辛格嗎？」當我心裡閃過引導我來到這間餐館的一連串不太可能發生的事件時，簡直完全愣住了。

這到底是怎麼回事？我不認識眼前這個人啊。我給他肯定的答覆，兩人之間的能量變得非常「靈性」。他說我不會記得他，但他記得我。時間回到一九七二年，超過十六年前了，那時他正在搭便車旅行，經過蓋恩斯威爾，我曾經讓他坐進我的福斯露營車，載他一程。當時的他處於人生低潮，看到我放在儀表板上的一張尤迦南達照片，便問我那是誰。我向他解釋，我非常熱中瑜伽，正在學習這個偉大的瑜伽大師的教導。當他抵達亞特蘭大時，經過一家書店，看見櫥窗內擺了尤迦南達的照片，便走進書店，買下我先前鼓勵他閱讀的《一個瑜伽行者的自傳》——顯然，這改變了他的人生。他後來在巴巴的世界巡迴之旅中認識了他，如今住在波士頓的一間瑜伽中心。他說他之前一直很好奇我有沒有見過巴巴，然後，他就看見一張我和巴巴在迪士尼世界的合照了。他覺得非常喜悅，並祈禱有一天能有機會親自向我道謝，感謝我在他的覺醒過程中扮演重要角色。如今，那個祈禱奇蹟般地實現了，他安靜地站在我面前，眼泛淚光，然後出聲道：「謝謝你。」說完之後，他便轉身離開。

沿著巷弄、朝車子走去時，我回頭看那個吸引我進入這不可思議事件的黑板。我記得我在走進那間小餐館之前，滿心以爲自己知道這是怎麼回事：一連串有趣的事件帶我來吃糙米和蔬菜了。結果，我錯了，整件事比我以爲的重大多了。事情一向比我們想的更爲重大，對任何人來說都一樣。我非常高興自己決定這一生都要致力於學習臣服。我不知道發生了什麼事，但我已經來到根本不想知道答案的境地。我只想停止干涉生命的完美性，顯然，即使到波士頓出差也能遇見奇蹟。

第7部 當烏雲變成彩虹

39 土地像拼圖般一片一片組合起來

宇宙施展的魔法

我的生日星座是金牛座，天性傾向於安頓下來，做自己的事。我不是那種一直尋求改變的人。我喜歡安穩生活的重複性，以及平緩、永續的成長。公司和聖堂一路自然成長，我總認為每個階段都會變成穩定狀態。

到了一九九〇年代初期，我很肯定公司的快速發展階段已經結束了。「個性化程式設計」的規模驚人，總共有二十名員工，關鍵是一年的淨收入可以達到幾百萬美元。我個人的生活方式仍然沒有改變，所以我繼續把錢捐給聖堂，以及贊助各種慈善活動。那時候，芭芭拉住在我的房子裡，我則住在聖堂用作晚餐空間那棟建築裡的一間小客房。那棟建築物藉由一條長長的、穿過一塊濕地的木板路，連接到「個性化程式設計」的辦公室，這條走道就是我上下班必經之路。我們這些住在聖堂的人一起努力工作，一起參加早晚的靜心儀式；來自蓋恩斯威爾社區的人則定期參加我在星期一和四晚上舉辦的講座；而星期天早晨，總會有一大堆人出現在聖堂。所有的事情都很順利，我認爲瘋狂成長的階段結束了。顯然，我錯了。

要了解下一波成長潮，必須先知道那時我的內在發生了什麼事。展開臣服實驗之後發生的所有事情都告訴我，我越是甘心捨棄個人喜好創造出來的內在噪音，越能在展現於自己周遭的事物中看見微妙的同步性。這些出乎意料同步發生的事件就像來自生命的訊息，輕輕地推著我朝它前進的方向走。我聽從這些細微的推擠聲，而不是我的個人喜好引發的那些心理和情緒上的喧鬧反應。我就是這樣在日常生活中練習臣服，而我之所以說這些故事，都是爲了和你分享呈現出來的這段旅程有多完美。

以聖堂的地產爲例。我前面提過，我們並不想擁有大片土地，但經過這些年，聖堂最後擁有數量龐大的地產，且過程中的每筆買賣似乎都有神奇之處。例如一九九〇年十月我接到一通電話，有人通知我，我們這地區有一塊土地要出售。房地產經紀人說那塊地的面積是八十五英畝，有樹林、有田野，被認爲是阿拉楚華郡最美的土地之一。我告訴他，我不覺得我們對那塊地會有興趣，畢竟我們主要想買的是毗鄰聖堂地產的土地。他堅持要帶我去參觀，而當我們發現那片美麗的土地眞的緊鄰聖堂承租的地時，兩個人都相當驚訝。這對我來說已經有足夠的推力了。我沒有費什麼力氣，這筆買賣似乎是自動到位完成的。

我把那塊地當成宇宙的禮物，它的出現完全在我們的意料之外。看到這些地產像拼圖一樣組合起來，眞的讓我說不出話來。三個月後，高爾夫球員湯姆．傑金斯打電話告訴我，他們準備搬家，而我們知道他的地產被我們新購進的土地圍繞著。這表示，聖堂現在會擁有連在一起的一百七十英畝地。即使我們一開始就買下這一整片土地，也不可能會更好。這就像是每一塊土地都在等待，直到我們買得起才出現。事情的發展如此完美眞是讓人驚歎，但故事還沒結束呢。

我們買下傑金斯的土地後，芮妲搬進那間房子裡。她當時對我說，我應該住在比廚房後面的小房間更好的地方。那個房間很小，且幾乎沒有隱私可言，因爲每天早晚都有人在主屋進進出出。我告訴她，那些對我而言不是問題，我喜歡等待生命之流讓事情自然發生。她質問道，生命之流已經給了我們足夠的土地和金錢，我還在期待什麼？期待哪一天宇宙會打電話給我，叫我去蓋一棟房子嗎？我告訴芮妲，假如我注定擁有一棟房子，會發生某件事讓整個情況一清二楚；同時，我在原來的房間待得很好。

短短兩星期後，我接到一位鄰居的電話，告訴我他準備把房子賣掉。夾在他的土地和我最初的十英畝地之間的那塊地，幾年前就被聖堂買下來了，這表示他的土地直接和聖堂的地產接壤。想起我和芮妲幾星期前的那段對話，我格外注意聽鄰居打算說些什麼。他告訴我，他花了很多年建造了一棟非常特別的房子，想要讓我看看。我在電話中表現得很冷靜，但事實上，因爲知道即將發生什麼事，我的背脊一陣顫慄。我打電話給芮妲，跟她說她應該和我一起過去看看那地方，以防眞的是宇宙打電話給我，爲我準備了屋子。

當我們把車子停在蜿蜒的車道上時，一棟瑞士農舍造型的漂亮房子就在這片土地的末端等著我們。我的第一印象是，這棟房子有某個地方很特別。後來才知道，我這位鄰居可是個專業木匠。他花了十二年親手建造這棟房子，就像有些人會親自打造高檔遊艇或帆船一樣。

房子本身並不大，約只有一千八百平方英尺，連〇・一英畝都不到，卻坐落在一塊整理得像公園一樣美麗的十二英畝土地上。等我到屋裡四處看過之後，我知道我再怎麼嘗試也不可能獨自設計出比這更完美的房子。儘管它的每個角落都有特別之處，但是，位於廚房區域上方、小小的三樓卻有某種魔力。沿著陡峭的開放式樓梯往上爬時，我覺得好像要進入一間樹屋，然而，我發現的卻是自己所能想像、最適合當作靜心室的空間。頂樓是一個一百二十平方英尺大的房間，每一寸地方都是一名工匠親手打造的夢想。四面牆上都裝有古式的鉛玻璃窗，這些是從波士頓一棟原本屬於某位海軍上將、後來被拆除的百年老屋搶救下來的。裝上去的成果如此優雅，光是站在那裡就讓人感覺似乎回到了十八世紀。彷彿這還不夠看似地，我抬起頭，發現頂樓上方覆蓋了穹頂，那些裸露的梁木聚集的最高點就位於房間正中央，讓人感覺自己彷彿站在一座金字塔裡。整個空間如此優雅，光是置身其中，就足以讓心智安靜下來。

不用說，我買下了那棟房子，從此就住在裡面。而隨著這筆最新的買賣成立，讓這所有的土地連在一起的魔法來到了最高潮。我的鄰居一向利用前面的車道進出，我只花了一會兒時間四處察看，就發現這塊地的後側直接與我們向威爾伯承租的土地接壤。等我們在屋子後方的樹林裡清出一塊空地後，我就可以在不離開聖堂土地的情況下開車或走路去聖堂。令人驚奇的是，這塊地如今把我們過去二十年購買的所有土地無縫地結合在一起，成爲連成一片的方塊。沒有人計畫如此，整件事就那樣開展了。如果我說生命這次做的事讓我覺得自己很卑微，可能都太保守了呢。

我打造了一條木板走道，把我的新房子和聖堂既有的木板路連在一起，而這也成了我上下班的新路線。一段時間過後，瑪塔吉來拜訪我們，我帶她參觀這棟房子。她以輕柔的聲音說道：「所以，神有一天打電話對你說：『米奇，你的房子已經準備好了。』」我想，這是個很不錯的結論。

40 「變化」這個可怕的信差

看似噩耗，卻是生命送來的大禮

一九九一年春天，我在新房子裡安頓下來，覺得自己就像住在夢中。周遭的一切——家人、公司和聖堂社區——都讓我感到心滿意足。環繞在我身邊的所有事物如此完美，足以挑戰理性心智。我一向清楚自己從沒要求過這一切——我是活在生命之流打造出來的生活裡。

現在回頭看，我可以看見那陣引進下一波改變的風初次吹過我臉龐的瞬間。那時候，我不曉得來的是什麼，但至少知道自己應該張開雙手擁抱正在發生的一切。我已經一次次地學到，明不明白眼前發生的事並不重要，我絕對可以把自己奉獻給當下，信任生命之流知道它在做什麼。接下來發生的一連串事件實在太過神奇，有效地讓我從一整層的個人心智中永遠解脫出來。如果生命可以讓這些事情發生，我又怎能不完全臣服於它的完美？

然而在故事開始之前，我得招認一件事：我沒有辦法預測未來。我當時根本無從得知，要跟上「個性化程式設計」注定的成長，光是將員工人數增加爲現有二十五人的兩倍，甚至三倍，是不夠的——我得增加到超過三百名員工哪。此外，我也沒辦法想像我們的辦公空間會需要從現有的四千三百平方英尺擴大到超過八萬五千平方英尺，才能因應即將發生的狀況。如果九〇年代初期有人這麼跟我說，我會認爲他們瘋了！然而，要發展到那樣的規模，最好有些規畫。顯然，規畫是有的，但不是我做的。

這個關於生命的完美性如何幫助我們公司成長的驚人故事，始於一個星期五下午，當時，一名土地使用分區管制督察員突然出現在我們辦公室。他看到森林裡竟然有一家公司，覺得相當驚訝，要我立刻打電話給他的主管——郡立土地規畫局的頭頭。這就是整個故事的開始，情況看起來相當不利。

「以愛建造」的工作讓我認識了土地規畫局的局長，於是，我打電話給他。一陣寒暄之後，他向我解釋，雖然我們公司所在位置不常有人出入，但是這塊地的土地使用分類並不屬於可以設立公司的商業區。我和他一起研究各種可能的解決辦法，例如變更土地用途或取得特殊許可，不過沒有一樣可行。爲了凸顯他這些話的嚴重性，他告訴我，根據佛羅里達州的土地使用規畫，就算我父親是美國總統，而且我有一百萬美元可以花在這上頭，我都沒有辦法爲我們地產上的任何一個角落取得合法的商業區使用許可。

我知道如果他要我停止營業，我會有大麻煩，因此，我把話題轉到損害控制上。我告訴他，我了解他的立場，然後詢問我應該怎麼做。他要我開始尋找主要幹道旁的土地，因爲那會是最靠近我們的商業用地。當我明白這一小塊過去這些年來自然聚集形成的天堂即將發生變化時，我的心直往下墜。主要幹道至少在五公里以外，而可用的土地恐怕離得更遠。

我深吸一口氣，振作起來，承諾會解決這個問題。我請他給我一段合理的時間，讓我們找土地和搬遷。他沒有答應我任何事，只說會再連繫我，確定我們有遵守規定。

這是生命採取比隱約輕推更明顯的方式，要我去尋找公司的新據點。一掛掉電話，我就去瑞克．卡爾的辦公室聽取法律建議。瑞克認爲，我們利用農業用地的一小部分經營小公司，在法律上的確站不住腳。因此，我們打電話給房地產經紀人，開始尋找距離最近的合適商業用地。我當然不希望把公司從聖堂這裡搬出去，但我的臣服實驗意味著我得持續敞開心，看看一連串生命事件會把我帶到哪裡。幾個月過去了，就是沒有適合的土地出現。隨著時間推移，郡政府要我們停止營業的風險越來越高。儘管如此，我還是耐心等待生命採取行動。

同年九月，生命採取了下一個行動。我們接到某人打來的電話，那個人一年前把那塊八十五英畝的美麗土地賣給我們，現在他想要賣掉毗鄰的五十英畝地，而那塊地一路延伸到鋪設柏油的郡道。那塊地完美地融入聖堂的土地，因此我們開始進行交易，將它買下來。當時我們根本不可能想像得到，這筆買賣最後竟然和「個性化程式設計」尋找合法商業用地這件事有關係。我們只是處理擺在眼前的事罷了。

幾個月後，出現了另一件我們必須去處理、跟土地有關的事。看起來有人計畫建造一座面積達一百八十五英畝的建築廢棄物堆置場，位置就在聖堂剛買下的五十英畝地隔著馬路的正對面。我們四處打聽，發現此事不假時都愣住了。那塊地多年前被劃歸阿拉楚華市，已經不在阿拉楚華郡土地使用分區管制範圍內。該地的主人是一位重量級市府委員，最近才把地賣掉，作爲建築廢棄物堆置場。我們預測接下來的二十年裡，每天會有上百輛大型傾卸車在我們的公路上來來去去，把廢棄物倒在緊連著我們和我們鄰居地產的土地上。生命之流原來不過如此，我以爲它應該會帶領我們到綠色的牧草地，而不是垃圾場！

整個鄰近地區陷入一片嘩然。聖堂在這個區域擁有最多地產，其他人開始問我們該怎麼辦。經過一番調查，我們發現阿拉楚華市似乎有權力發放特別使用許可給廢棄物堆置場——如果市府委員們選擇這樣做。我們別無選擇，只能專注在這件事情上，而耽誤了尋找新辦公室場所的時間。

我們決定，最好的做法是寫一封信告知阿拉楚華市民，因爲本市沒有全面性的廢棄物管理辦法，垃圾場可以設置在任何地方，包括他們家隔壁的空地。我們的目標是迫使市政府通過一套全面性的廢棄物管理辦法，而不是任意發放特別使用許可，就像他們即將核發許可證給那個建築廢棄物堆置場一樣。

相不相信，這個做法眞的奏效了。市府委員針對此議題召開會議那天晚上，市政廳擠滿了民衆，大夥兒都只能站著。在宣布會議開始之前，市長站起來告訴大家不要擔心，今天晚上或其他任何一個晚上都不會針對某項特別使用許可進行表決，直到市府通過全面性的廢棄物管理辦法。委員會感謝市民的建議，並承諾會盡快提出一套管理辦法。

我們當時根本不知道，自己在垃圾場相關議題上的勝利，其實是生命的奇蹟之手正在處理「個性化程式設計」碰到的土地使用分區管制問題。幾天後，我們接到一通電話，通知我們因爲廢棄物堆置場無法取得使用許可，那塊一百八十五英畝的土地突然以非常合理的價格求售。而因爲那塊地在阿拉楚華市裡，我們得知它有可能被規畫爲商業用途。瑞克走進我的辦公室，告訴我他跟房地產經紀人談的結果，我永遠不會忘記當時他臉上的表情。不可能的事情發生了，生命之流又自行發展，用一通電話告訴我們，聖堂的土地不僅不會緊鄰廢棄物堆置場，我們還可以把公司設在那裡。我和瑞克沉默地坐了一會兒。辦公室裡瀰漫著濃厚的敬畏和感恩的氣氛，讓我們無法移動，更別提要開口說話了。

看看我和瑞克在過去六個月親眼見證的事。首先，生命明確地通知我，我必須把公司移出聖堂的土地，尋找新地點。當我試著遵從時，卻沒有一件事水到渠成。接著，突然有人找上我們看一塊地，那塊地最後把聖堂的地產和我們未來新辦公室的土地連在一起，而身處其中的我們根本搞不清楚到底發生了什麼事。生命之流接著呈現了一個在我們看來是噩耗的狀況：某人正準備在緊鄰我們地產旁的土地上蓋一座廢棄物堆置場。但實際上，那是生命正準備送我們一份大禮：最適合「個性化程式設計」未來發展的完美土地。那塊地毗鄰聖堂的地產，並且可能被規畫爲合法的商業用地——我們先前可是被告知，在我們居住的地區不可能發生這種事呢。此外也別忘了，這一切發生時，我只有二十五名員工，根本不可能知道自己日後會需要這樣的土地——但生命顯然很清楚，而且當然爲我們設想得很周到。因此，一切水到渠成。「個性化程式設計」如今在緊鄰聖堂地產的土地上擁有合法的商業用地，該捲起袖子蓋房子了。

隨著這麼大的土地奇蹟般地出現，我也被迫重新思考新辦公大樓的規模。我希望建造一棟確保我們以後絕對不需要再蓋東西的建築物。我們設計了一棟優美的辦公大樓，面積達一萬四千五百平方英尺，對「個性化程式設計」這樣成功的公司來說相當合適。我多年前把「以愛建造」賣給跟我一起工作的一位工頭，他爲我們蓋這棟大樓，而最後的成果相當精良。一九九三年六月，「個性化程式設計」把二十五名員工遷移到不遠處的新家。我們從四千三百平方英尺的辦公室，搬到一萬四千五百平方英尺大的地方——至少我們不會再需要蓋辦公室了。

令人驚奇的是，後來的發展卻非如此。接下來的一年間，公司員工人數成長了一倍多，我們又得開始計畫蓋另一棟樓。第二棟大樓比第一棟更大，兩棟建築之間以一條有頂棚的通道連接。幸運的是，生命給了我們足夠的土地來因應這個完全在意料之外的擴張。到所有工程結束時，我們總共擁有五棟建築，提供了超過八萬五千平方英尺的高科技辦公空間。直到今天，我對於生命總是完美地在我們需要的時刻提供我們需要的事物，一直抱持敬畏的心。

41 替未來扎下根基

問題解決方案從天而降

「個性化程式設計」的成長很驚人，隨之而來的是一個快速發展的科技公司會碰到的所有問題。管理十到二十名員工是一回事，管理五十五名員工又是另一回事了。到了某個時間點，你就是必須開始雇用經理人來管理員工。我一直盡可能不建立中間管理層，而是讓團隊在我持續引導下自主管理。我們是從零開始，且中間沒有多少員工離開，因此，我們的程式設計團隊擁有非常豐富的技術能力和產業知識。全美國獨立開業的醫生有百分之二十五使用「醫療經理」，所以佛羅里達州的阿拉楚華吹起了醫務管理產業風潮。我們不需要決定該往哪個方向走，因爲我們是騎在產業需求強大浪頭上的衝浪者，有太多工作要做，想跟上都有些吃力。

到了一九九四年底，我開始發現自己不可能在一家收入數百萬美元的公司獨力負責程式設計團隊、財務和管理工作，同時還要為下一波成長做準備。我真的需要幫助。因此，我採取老辦法：更加努力工作，並等待生命之流執行它的部分。

我就是在這樣的背景下初次見到提姆．史戴力。決定舉家搬到鄉村居住的提姆是專業的軟體開發人員和資深的資訊科技顧問，而他選擇落腳在一個叫作高泉的小鎮，距離阿拉楚華北方不過幾公里之遠。如果你是個專業的資訊科技人，舉家搬到我們這一帶，肯定會聽說「個性化程式設計」這家公司。提姆就像其他人一樣前來應徵，不過，他又跟其他人不一樣——他是另一個奇蹟。如同其他所有總是在應該出現的時候出現的人事物一樣，生命讓這位具備高明技術和經驗的資訊科技開發人員／主管從天而降。他最後不只解決了我們碰到的軟體開發問題，也成為那時甚至尚未浮現的更重大問題的解決方案。

我仍記得第一次見到提姆的情景。他急著在這地區找到工作，好在孩子開學前讓全家人搬過來。看過他的履歷之後，我請人力資源部安排在星期六面試，這樣才不會耽誤提姆的工作。他年紀很輕，外表乾淨，五官端正，右手拿著一本《聖經》。帶這樣東西來面試並不常見，但提姆顯然是個很虔誠的基督徒，而他想讓我知道這一點。我對這件事沒有意見，但不確定他對於未來的上司是個綁馬尾、穿涼鞋的瑜伽士有何感想。

我們走進我的辦公室，開始了解對方。事實上，提姆是個火箭科學家。他在哈里斯公司工作了很多年，負責編寫飛彈導引系統程式。我馬上就知道自己可以在「聰明」那一格打勾確認了。提姆當過開發人員、團隊領導人及專案經理，因為在專案開發及人際關係處理方面的能力非常突出，目前在德州儀器擔任資深顧問，負責執行客戶的大型專案。有趣的是，他那時候是佛羅里達州的藍十字藍盾醫療保險公司一項重要資訊科技專案的顧問。

我們開始討論開發的哲學，兩人的想法就跟穿著一樣大不相同。對我來說，軟體開發是一門創造性藝術，對他則是一項工程專案。事實上，想要長期維持成功，這兩者缺一不可。提姆顯然可以提供他在《財富》雜誌五百大科技公司擔任資深軟體工程師時體驗到的紀律，我們極度需要那樣的知識和經驗。

我和提姆談了好幾個小時，兩人都很喜歡對方。他正是「個性化程式設計」最需要的人才，無論是他的專業或他這個人。不過，我還有一個問題要解決。如果提姆願意認眞考慮接受這份工作，我必須確定他對我這個人沒有意見。某個時間點，他肯定會在街上聽到聖堂的事，我覺得帶他去那裡，讓他自己親眼看看才公平。

提姆對聖堂抱持的開放態度讓我很驚訝。他被各種宗教的手工藝品迷住了，也深入問了很多關於靜心和瑜伽的問題。原來，提姆遠遠不只是個信仰虔誠的人，他非常注重靈性，眞心喜愛神。不像我覺得神讓我渾身不舒服，他反而受到許多啓發。那天在分享彼此的靈性體驗和信仰時，我和他在靈性上有了深刻的連結。在接下來一起工作的十年裡，這份靈性上的友誼越來越深厚。顯然，生命再一次超越了它自己。

我雇用了提姆。我倆決定低調地介紹他是開發人員，而不是上層管理者。提姆想要直接跟團隊一起工作，好親身了解開發環境。我們計畫幾個月後讓他開始進行組織重整，並負責管理開發團隊。我仍然掌控產品方向，他則主管工程部分。我等不及要知道提姆能做到什麼程度。

提姆進公司時，「醫療經理」這項產品已經上市超過十五年了。這原本是爲獨立開業的醫生設計的軟體，如今卻被應用在大型診所，以及蔓生的管理式醫療機構。對我們一些比較大的經銷商來說，幫客戶安裝可以支援數百個用戶的系統並不罕見，如果情況持續下去，我們最後會碰到軟體技術能力跟不上的問題。此外，客戶也開始要求我們將整個產品現代化。我們在牆上寫下：「不採取行動，光榮不會長久。」如果我們要替未來打下堅實的基礎，就必須完全改寫這項產品。

這個決定對心臟不強的人來說很嚇人。它需要的投資額很大，我們必須冒險投入好幾年的開發資源及數百萬美元。當我反覆思考這個擺在眼前的案子有多棘手時，終於意識到：這就是提姆被送到我們這裡的眞正原因。他被送來運用最先進的開發技術重新設計「醫療經理」，讓它成爲全新的產品。

我們不能冒險讓現有系統的快速發展停頓下來，因此我允許提姆另外雇用一整個開發團隊來打造新產品。新產品取名爲「醫特吉」，而幸好我們正在蓋更多大樓，因爲我們肯定會需要新的空間。我完全相信提姆，給他需要的一切。我們花了將近五年才推出新產品，但說到底，我們最後有了一套讓我們在市場上屹立不搖許多年的產品。如今回顧，事情很清楚：若沒有提姆在我們需要他的時候出現，我們不可能如此成功。這種事情到底是怎麼一次又一次發生的？

42 陪靈性導師走過改變生命的事件

不計任何代價都要從自我中解脫

在「個性化程式設計」有太多事要做，因此除了早晨和晚上待在聖堂之外，我醒著的時間幾乎都在工作。聖堂社區的一切都很穩定，幾乎不怎麼需要我花時間管理。儘管芮妲的「個性化程式設計財務長」職務讓她日夜都在工作，她仍然能夠把聖堂和它的財務管理得很好。在這所有的轉變當中，聖堂也即將經歷一場變化。

一九九四年底，亞姆利特和他的信徒發生嚴重爭吵。就像我們崇拜的許多人一樣，他過去一些不恰當的行爲被揭露出來，最後的結果讓每個人都很難受。當我聽說亞姆利特眞的離開了他的社區，我邀請他們夫妻來聖堂和我們安靜地住一段時間。大家都樂於錦上添花，雪中送炭則需要深厚的友誼。我們所有人多年來都從亞姆利特那裡得到許多，有機會回報點滴，我們覺得很榮幸。

那時，芮妲已經在傑金斯的房子裡住了幾年，既然這是我們土地上最好的房子，她立刻表示願意搬出去。一九九四年十二月，亞姆利特和他的妻子住進那間房子裡，最後在那裡待了將近三年。能夠近距離看到一個靈性上如此進化的人走過改變生命的事件，實在是很棒的體驗。住在這裡時，亞姆利特就是允許整個狀況讓他去經歷他必須經歷的改變。這樣的狀況就像火，而亞姆利特只想利用這把火達到靈性上的淨化。他並不悲傷，並未受傷害，也不懼怕，只是全然臣服地經歷這個體驗。我經常在亞姆利特身上看到我一直在自己之內看見的東西：在緊要關頭，我不在乎要花多少代價，讓我從自我中解脫出來就是了。唯一有意義的祈望是這把熾烈的火對個人自我有強大的破壞力，足以燒斷束縛的繩索。兩個靈魂站在一起，我和亞姆利特有個共同點：不計任何代價都要解脫。

我並沒有讓自己隔絕於亞姆利特正在經歷的狀況之外。我想要共同體驗外在的一切都被奪走後，內在會有什麼感覺。我記起所羅門王說過一句話：「凡事都有定期，天下萬務都有定時。」我很榮幸認識亞姆利特這樣聞名世界的靈性導師，我更榮幸在他走過一段異常黑暗的時期——或者應該說，一段異常黑暗的時期穿過他——的時候陪在他身邊。他從來不抱怨、不消沉也不沮喪，只是一天比一天更堅定地臣服。**現實已然如此，不如利用眼前的狀況捨棄個人自我。**

跟所有事情一樣，最後能量總是會開始轉變。過去的嘈雜聲消失了，未來的機會開始顯露。有一天，亞姆利特請我開車跟他去看一個他在歐卡拉國家森林保護區發現的地方。那地方位於一個小鎮，距離聖堂南方不到一個半小時的車程。看見那個地方時，我簡直不敢相信自己的眼睛。那是一棟非常美麗的大房子，坐落在一座絕美的湖畔，地產上還有五、六間小屋。對亞姆利特一家人來說，這是很完美的家。走過這塊土地的每一個地方，我都可以感覺到亞姆利特。我認識他很久了，很熟悉他的愛好，沒有人可以爲他量身打造出比這更完美的家。當我意識到，一切都結束了，我得強忍住淚水才不會落下淚來。這段黑暗期過去了。我鼓勵他，如果負擔得起，就買下來吧。他把價格告訴我，我簡直不敢相信自己的耳朵，這是百年難遇的超值交易啊。

陪著亞姆利特走過這場嚴峻考驗，讓我學到許多與臣服有關的事。我看見無論我們是誰，生命都會讓我們去經歷我們必須經歷的改變。問題是，我們願不願意運用這股力量來改變？我發現，如果我們願意在更深層的地方處理自己經歷的變化，就算是非常激烈的狀況都不必然會留下心理傷痕。我的臣服實驗已經教會我要非常尊敬生命的轉化力量。後來證明，和亞姆利特一起走過的這段時間非常重要，因爲如我所知，我的生命即將再度經歷一個意料之外的重大變化。

第8部 擁抱爆炸性擴張

43 「醫療經理」展翼高飛

生命的規畫超越個人的有限觀點

如果你在一九九五年問我覺得「個性化程式設計」的未來會是什麼模樣，我會告訴你，我們已經盡己所能發展到最大了，接下來的挑戰會是如何保持在業界頂端。假如你問的是我的臣服實驗，我會告訴你，這個為了全然擁抱周遭展現的一切而持續捨棄自我的練習，對我的靈性成長有絕大的影響。事實上，這成了我的生活方式。我一次又一次看見，**「放手」不只引我通往驚人的結果，也讓我處於深度的內在平靜狀態**。主宰這一切的並不是我，是生命，其中隱含一種熱情和興奮的感覺，想要知道接下來會發生什麼事。畢竟，你看到目前為止都發生了些什麼啊。

到了一九九五年底，「個性化程式設計」成長為擁有七十五名員工的企業，手上的工作足以讓我們忙碌很長一段時間。我喜歡我們正在做的事，而且，我們顯然相當擅長這一塊。公司一年的總收入達到一千萬美元，其中多數來自權利金，因此年盈利是五、六百萬美元。那時，「醫療經理」已經上市超過十五年，影響了數十萬人的生活。以我有限的觀點來看，我覺得我們在可預見的未來仍會以這樣的步伐往前邁進。

戲劇性改變再度出現的第一個線索，是我聽說庚佳系統和許多經銷商在討論合併成一家公司的可能性。顯然，他們覺得這麼做可以讓他們在全國性的競爭上更具優勢。之後不久，我們的一個大經銷商約翰．康恩來訪，他們公司的總部在坦帕。他告訴我，他正在研擬一項提案，要把「醫療經理」的全體經銷商合併成一家公司。他的規畫是先買下「個性化程式設計」、庚佳系統，以及三、四家比較大的經銷店，一開始的投資會很龐大，不過這部分他已經安排好了。約翰的提案簡報非常專業，但我看不出「個性化程式設計」涉入的必要性。我告訴他，我願意在法律上承諾供應「醫療經理」軟體給新公司。接著，他丟下一顆震撼彈：公司任何一位投資者都會堅持基礎軟體歸公司本身所有。

賣掉「個性化程式設計」的想法讓我覺得非常不自在，但想到自己會導致數百個經銷商和庚佳系統沒辦法獲得他們努力工作的成果，心裡更加不自在。我告訴約翰，我沒有興趣以任何價錢賣掉「個性化程式設計」，但若我的不願意真的阻礙其他人一圓夢想，我只能好好考慮這個提案。我也告訴他，假如他真的成功說服其他人贊同他的計畫，可以再回來找我。然而，我真心希望這整件事會自行告吹。

幾個星期後，約翰帶著我們幾個主要經銷商和庚佳系統同意收購的答案回來了。公司牆上寫著「不採取行動，光榮不會長久」，如同前面許多次一樣，我必須把強烈的個人喜好擱在一旁，臣服於展現在我面前的一切。我一點都不喜歡這個狀況，但我全心承諾要看看向生命臣服這條路會將我帶到何方。

針對收購「個性化程式設計」，約翰．康恩向我提出一個很有說服力的價格，包括現金和新公司的股份。接下來，他踏上合併五家公司，以及籌措資金讓合併案成功的辛苦旅程。銀行認爲最好透過公開銷售新公司的股份，來籌措所需的一億五千萬美元。首次公開募股的日期訂在一九九七年初，但在那之前還有許多事情要做。

我們被丟進一個什麼樣的世界啊！「個性化程式設計」從只有一位員工——我——的卑微根基逐漸成長茁壯，如今成爲一家組織完善、非常成功的私人企業。當一堆獨立經營的公司初次被一起丟進一個鍋子裡時，這樣層級的組織就不復存在了，可以預期的是會有權力鬥爭、經銷商收購問題，以及接連不斷的法律和財務問題必須解決。儘管如此，我不讓自己陷入這些負面想法中，而是保持開放的態度，對即將出現的一切充滿好奇。

他們決定新公司要叫作「醫療經理股份有限公司」。我必須承認，我挺喜歡這個名字。我回憶起一九八一年剛寫完這套軟體，初次想出「醫療經理」這個名稱的畫面；十五年後，「醫療經理」即將成爲一家上市公司。站在這起重大事件的出發點，我滿懷敬畏地看著自己的臣服實驗要把我帶到哪裡去。

44 醫療經理股份有限公司上市了

捨棄的事物以十倍的價值回來

當混亂消散，我即將成爲新公司的執行長，約翰．康恩是總裁，瑞克．卡爾則是法務長。公司總部會設於約翰．康恩在坦帕的公司裡，我和瑞克則留在阿拉楚華的辦公室。公司將以「MMGR」這個股票代號在那斯達克證券交易所進行交易。

在我們往一九九六年底前進時，律師團隊和銀行已經完成合併案的所有書面作業，同時進行首次公開募股。我記得這對我和父親之間的關係來說是個有趣的時間點。我父親大半生都是個股票經紀人，在美林證券任職超過三十年，他的獨生子則從商學所休學，住到森林裡去靜心。我從未離開森林，但突然間，我進入我父親的世界了。他不斷告訴我，他眞不敢相信全世界最重要的證券經紀商之一摩根士丹利會對我的公司有興趣。他也很驚訝地發現，美林證券的健康照護產業分析師正在密切觀察我們即將進行的交易。我父親對我的公司即將上市很感興趣，我們這段期間聊天的時間，比過去二十年加起來還多。這很合理，因爲我們現在有共同的話題可以聊了。

有這個機會與父親更加親近使我感到很謙卑，將之視爲我臣服於生命之流後發生的另一項奇蹟。沒多久，我父親過世了，但可以確定的是，他一定很高興能把自己花了一輩子學到的關於上市公司、健康照護產業和華爾街的事與兒子分享。

儘管有一連串驚人的事件一步步引領著走到這個地方，依然沒有任何事可以幫助我爲接下來發生的狀況做好準備。大約在首次公開募股的一星期前，我收到我在紐約的律師寄來的執行項目清單。我照著單子上的項目順序一樣一樣執行，簽署需要的文件，找出需要的文書。最後一個項目的截止日在隔天，因此我衝去銀行取出保險箱。我早在一九七一年就租下這個保險箱，用來存放我唯一的財產——最初那十英畝地的地契，而之前我幾乎沒有理由去碰它。

等到房間裡只剩我和保險箱時，我開始尋找律師要求的文件。箱子裡沒有多少東西，卻有著時光機般的作用。我看到最初的那張地契——從那時到現在發生了多少事情啊，沒有一個神智清楚的人能夠想像我決定休學到森林隱居後發生的一連串事件。我的時光回溯之旅在看到我正尋找的文件時被打斷了。我取出折成三折的紙張，打開來。那是我十五年前成立「個性化程式設計股份有限公司」時拿到的股票，最初把那張股票放入保險箱時，它對我之外的任何人都毫無價值；接著，我就被驚呆了，因爲世界上最精明的投資者評估這張紙如今有超過一億美元的價值。

我的嘴發乾，雙眼開始湧現淚水。我捨棄了一切事物，它們卻不斷以十倍的價值回來。當我決定放手，奉獻自己的生命爲展現在我眼前的事物效力時，我一年的收入不到五千美元；當「以愛建造」的業務上軌道之後，公司的年收入從數萬美元成長到數十萬美元；而當「個性化程式設計」上了軌道，公司一年在銷售和權利金方面的收入很快成長到數百萬美元，然後是超過千萬美元；如今，我正在處理價值高達一億美元的資產。讓我感動的不是金錢，而是生命的無形之手。我站在銀行裡，把那張紙獻給它所出之處——宇宙。我發誓要爲這家我看著生命一塊磚一塊磚建立起來的公司服務，並運用這筆委託給我的錢幫助他人。我深吸一口氣，關上保險箱，準備把股票寄到紐約去。

45 成為上市公司執行長

臣服帶來突飛猛進的成長

一九九七年二月二日首次公開募股成功，醫療經理股份有限公司誕生了。在阿拉楚華的森林這裡，我不僅繼續擔任我們研發部門的總經理，還成了新公司的執行長和董事會主席。對於擔任執行長要承擔多少工作，我的想法非常天眞。很快地，我就發現這需要我多年來透過靜心發展出來的所有專注力。我已經臣服，而這是生命給我的任務。這使其成爲我靈性之旅的一部分，我完全準備好要把自己奉獻給這份工作，盡己之力做到最好。

我做的第一件事情是採取必要步驟，確保自己知道公司發生的大小事。我人在阿拉楚華，一大群思想獨立、慣於經營自己事業的經理則散布在全美各地，如果我要擔負起管理公司的責任，就必須知道完整的資訊。想掌握每個人正在做些什麼，需要定期的電話會議，以及大量的報告。當我宣布每個經理每星期必須針對自己轄區內的重大活動繳交報告時，當然出現了一些抱怨的雜音，但我們集合起來擁有大量經驗，我希望透過團體意見來做決定，而不是單憑任何一個人的想法。

然而沒過多久，我就明白自己不可能跟上所有的每週狀況報告，同時還得為電話會議做足準備。我非常需要幫忙，而你可能已經猜到，我獲得了自己正需要的協助。

我們不會把這稱為奇蹟，但這一次，生命的魔法透過一位叫薩賓娜的年輕女士來展現。保羅．賓彬斯幾年前在我們一場全國經銷商研討會中遇到她，兩人顯然一見鍾情。在那之後沒多久，保羅告訴我們，薩賓娜要搬到這裡，他們準備結婚了。我不認識薩賓娜，而且對於保羅在她並不熱中瑜伽或靜心的情況下期望她住進一個以瑜伽為主的靈修社區感到憂慮。他向我保證，薩賓娜會融入這裡的生活，也告訴我，有她在公司裡做事，我會很開心的。臣服，臣服，再臣服——我哪有選擇呢？

後來我才知道，薩賓娜的家人是在加州賣「醫療經理」的小經銷商，她從十三歲起就在銷售、安裝這套醫務管理軟體，並提供技術支援。儘管她開始在「個性化程式設計」工作時不過二十二歲，也不曾上過大學，我很快就發現她完全可以勝任高級商業分析這項工作。她先前在這方面沒有經驗是事實，不過當我成為執行長後，她卻是我開口要求協助執行業務的人。

有薩賓娜在身邊，我身為執行長的主要責任之一變成讓公司成長茁壯。幸運的是，這並非一家尋常企業，新成立的醫療經理股份有限公司的成長潛力非常可觀。首先，當我們有了經銷商，公司會自然成長。我們擁有將近兩百個經銷商，其中有很多會是我們非常好的資產。只要持續有新的經銷商加入公司，我們自然會有成長需要的資源。

然而對我來說更有趣的，是我們運用電子技術將為數可觀的醫生與健康照護產業的其餘部分——包括保險公司、實驗室和藥局——連結起來的能力，可以為公司帶來驚人的成長。我們只要從一個地方啓動業務支援，就能為健康照護系統提供某種程度的自動化，如此不僅可以降低成本，還能增進效率及提升病患照護品質。

我告訴薩賓娜，讓我們十萬多名醫生熟悉電子理賠和其他健康照護交易，將是我們第一項針對新公司業務的提議。接著我跟她說，這區塊會由她來負責。這就是後來我們所謂的「醫療經理網路服務」的起源。這項嘗試在許多層面的成功其實很不可思議，開始只是一個受到啓發的想像，最後成長為年收入達一億美元的業務線。在非常短的時間裡，我們在電子交易方面成為業界龍頭。

接下來的兩年，公司的成長突飛猛進。不斷有新經銷商加入，而在全美都有據點意味著我們可以提供服務給越來越大的客戶。我這輩子從來沒有像這段期間如此賣力工作，但我不覺得疲累——事實上，剛好相反。我越是捨棄「米奇」，單純專注於生命交給我的任務，內在的靈性能量流增加得越多，彷彿透過與生命的外在流動和諧一致，內在的美好能量流自然增強了。現在我完全相信，**一個人若想要在個人、事業和靈性上獲得十足的成長，就必須持續捨棄以自我為中心的想法和情緒。**

46 健康照護產業進入網路時代

放手讓公司發揮最大潛力

經過了幾乎三十年，我看到自己周遭有太多事情發展出完美結果，足以讓我內心不再出現干涉生命之流的念頭。我一次又一次看見剛開始像是個問題的事件，最後卻變成帶領我們向前的改變力量。接近一九九八年底，我們的電話會議開始聚焦在網路如何影響我們的業務時就是這樣。我們擔心競爭同業很快就會有便宜的管道可以連繫上全美國的醫生，而不必建立經銷商網路。我和約翰．康恩很清楚，「永健」和「網路醫生」這兩家健康照護網路公司已經在招攬我們的醫生，而且人數持續增加。如果我們想要在即將到來的網路世界裡保持競爭力，一定得做些事情。

大約在這時候，約翰．康恩經人介紹，拜訪了紐澤西州一家叫「馨奈特」的公司，對方正在建立一個非常先進的健康照護入口網站。他們擁有業界頂尖的管理團隊，看起來沒有其他任何一家新創公司有機會與之抗衡。

馨奈特的眾主管對於和醫療經理股份有限公司合併的可能性頗有興趣，他們的夢想是經由馨奈特的入口網站處理這個產業所有的健康照護交易。他們在我們這裡看到的是超過十萬名醫生已經利用電子連結提供大範圍的服務，如果他們幫我們所有的醫生處理交易，業界的每一個人都會想跟他們做生意。馨奈特站在一個關鍵位置，可以將我們先前建立的資產提升到全新的層次。

一九九九年五月，約翰・康恩安排我跟馨奈特董事長馬堤・威葛見面。我和馬堤分別住在這個國家的東西兩邊，因此他建議我們在中間點德州密德威市的一座私人機場碰面。事實上，密德威到加州和佛羅里達州的距離確實幾乎相等。我租了一架私人飛機，單槍匹馬飛過去。

獨自坐在六人座的私人飛機裡，在一萬兩千公尺高空飛行，感覺非常平靜。我沉入冥想，心智靜止。睜開眼睛後，我吸收理解了從我最初決定放手，看看生命要將我帶到何方之後，周遭狀況的巨大差異。我仍然住在同樣的森林裡，維持每天早晚的靜心練習，但不知怎麼的，其餘的部分已經有了相當戲劇性的改變。我回想生命有多少次將我放進讓我非常不自在的變化裡，剛開始，要忽略抗拒的念頭實在很困難；隨著時間過去，當我看見冒險捨棄自我後發生了什麼，整個過程就變得自然許多。我四周所見全是放手的結果，我人生中沒有哪一樣事物不是經由臣服於生命之流而來。這個過程讓我感到謙卑，內心再無一絲抗拒的念頭。我深深愛上體驗接下來出現的事物那種興奮與驚奇的感覺。帶著這樣的心態，我飛去德州見馨奈特的董事長。

對我來說，這個合併提案只是接下來即將發生的事。我不必去思考就已經知道自己不想讓公司和馨奈特或其他任何一家公司合併。我喜歡自己正在做的事，心裡有個強烈的願景驅使我努力了二十年，它在我最初編寫這套很棒的程式時就存在了，從來不曾有一刻消失。這個願景日夜激勵著我，我不想吃東西，不想睡覺，努力要讓這套程式及其行銷做到完美，也讓那些把業務託付給我們的醫生感到滿意。我覺得生命把這項任務交給了我，我很榮幸可以執行。我不曾失去早先對於探索更深層內在狀態的關注或渴望，對生命的臣服**就是**我走向自我了悟的路，而毫無疑問地，這行得通。我的生活並不是以我的「想要」或「不想要」爲基礎，那類想法很久以前就不再流經我的心智了。我太忙於執行生命交給我的工作，這是業瑜伽的最高境界。我把自己的生命交給宇宙之流，它不只接手，還在過程中呑沒了我。我根本不在乎自己發生了什麼事，我在意的是公司、員工、醫生，以及最重要的——驅動我每個心跳、對完美抱持的願景。

如同聽起來一樣美好，我發現自己坐在私人飛機裡，正要前往德州中部一座小機場和一個陌生人見面，討論讓他掌管公司的種種安排。這次會面的目的也在於此。事情到目前的發展呈現了一個事實：公司所能發揮的最大潛力已經不是光靠我們自己就可以提供了。和約翰．康恩討論這起可能的交易時，我已經知道馬堤有多精明，「掌控權」絕對是我的主要議題。我想要站在讓夢想繼續活躍的位置，保護公司不被嚴苛的財務收益考量傷害。馬堤已經同意讓我、約翰和其他幾位醫療經理股份有限公司的董事進入合併後的公司的董事會，也同意讓我擔任新董事會的共同主席，並且讓我和約翰共同擔任執行長。為了增加誘因，合併後的新公司會保留我們的名字——醫療經理股份有限公司。

儘管自己在上市公司的合併方面是生手，我也很清楚對方提供我們這些高階職位眞正的含意。這表示馬堤很有信心自己可以處於掌控權力的位置，絲毫不覺得把一些權力讓給跟他毫無交誼的人會有任何威脅。無論如何，若交易順利完成，馬堤會成爲我的上司——這才是更有趣的部分，因爲我以前從來不曾眞正有過上司，而我已經五十二歲了。我盡我所能地調查了馬堤這個人，他是個白手起家的億萬富翁，飼養純種馬去比賽是他的嗜好。他靠著在華爾街買賣公司累積財富，也曾經從零開始打造了幾家非常成功的公司，例如他幾年前以六十億美元賣給默沙東藥廠的美可保健公司。最重要的是，他非常受到商界高層的敬重，不只一篇報導提到他時稱呼他爲「天才」。

馬堤提出以十三億美元的價格收購醫療經理股份有限公司，我們的董事會傾向同意這筆交易。我很確定所有的動力都往那個方向流，這也是我飛過來開會的理由；我不知道的則是，在這個更大的企業環境裡的生活會是什麼模樣。我很清楚自己不可能事先知道，而我已經準備好再次臣服於生命之流。從個人角度來說，我對於馬堤會怎麼看待我，比我怎麼看待他更感興趣。我是個綁馬尾、不穿西裝的瑜伽士，馬堤想當然是個較爲傳統的企業家，我們會合得來嗎？

馬堤搭乘自己的私人飛機過來，帶著一位業務開發部門的同事。會議僅進行幾個小時，一切都很順利，就跟這類情況下所能預期的一樣。我們各自花了夠多時間分析這個合併提案，因此到了會面階段，合併之後可以發揮的綜效已經相當清楚了。我發現馬堤非常腳踏實地、容易親近。他開門見山說重點，讓我非常欣賞。我特意討論（或者更精確地說，是透露）聖堂的存在、我對靜心的投入，以及我的另類生活方式。我知道自己不會放棄以上任何一件事，因此讓他知道他要面對什麼樣的狀況似乎才合理。而顯然，馬堤不在乎細節，只關注大局，他在意的是公司的發展。他根本不關心我個人的生活方式，但是當我提到自己每天有多賣力工作時，他倒是凝神傾聽。他告訴我，他的妻子也做瑜伽，我猜想他在加州那裡一定也接觸過我這樣的人。我和馬堤握手、準備各自離開時，根本不知道自己以後會從這個人身上學到多少做人、做事的道理。

47 再次合併，但不是和宇宙

你不會知道今天生命要將你擺在哪裡

這麼多年下來，我已經看得很清楚：我眞的不知道生命每一天會把我擺在哪裡。事實上，這不關我的事。我的工作就是持續臣服，爲眼前的事效力。我在某一天主持爲了討論與馨奈特的合併提案而召開的醫療經理股份有限公司董事會就是這樣。

我們的董事會非常活躍，許多成員擁有豐富的商業經驗，其中一位曾經是通用汽車的財務主管。董事會正在認眞考慮公司往前邁進的諸多選項。我們前一年的營業額達到一億四千萬美元，馨奈特則是七千萬，但入口網站的巨大潛在價值讓馨奈特的市場價値遠遠超過我們，也使得這間公司成爲一個深具吸引力的夥伴。最後，董事會無異議通過接受馨奈特提出的十三億美元合併案。

我當然從未處理過十億美元等級的合併案，不過我們有很棒的外部律師，以及一組優秀的銀行家在提供協助。我請薩賓娜和我共同執行這項超級專案。馬堤把這個合併案視爲優先事項，因此所有細節必須在幾個星期內定下來。我們日夜不停地工作，好將最終交易內容送交雙方的董事會，而這個合併案在一九九九年五月十七日對外宣布。

醫療經理股份有限公司和馨奈特的合併案引發大騷動，當天晚上CNN的財經頭條新聞就是這件事，隔天的《華爾街日報》也把這則新聞擺在顯眼位置。新公司沿用「醫療經理股份有限公司」這個名字，我和約翰．康恩是共同執行長，並和馬堤一起在董事會擔任主席。儘管我仍然住在宇宙聖堂，只要開車過街就抵達辦公室，但我的世界立刻擴大了。我現在的責任延伸到醫務管理事業之外，包含了馬堤的團隊一直在著力的所有事業領域。老實說，這是合併案最令人興奮的部分。我現在要和世界一流的執行者組成的團隊共事了。馬堤身邊圍繞的全是人中之龍，能和這些人合作眞是一大榮耀。

後來才知道，馨奈特的主要競爭對手是我們的老朋友永健和網路醫生，這兩家公司如今已合併成一家，而合併後的公司對我們的健康照護入口網站造成嚴重威脅。問題只在時間：在永健/網路醫生吸引到充裕的資金之前，我們有足夠時間完成自己高度複雜的網路服務嗎？

這個問題的答案在二〇〇〇年一月二十五日揭曉了，就在我們和馨奈特合併的六個月後。我們聽到永健/網路醫生想要以二十五億美元收購「使者」的消息——「使者」是業界最大的保險理賠電子數據交換中心。鑒於永健/網路醫生是一家有巨額虧損的新創網路公司，「使者」則是地位穩固、在健康照護交易方面獲利豐厚的數據交換中心，取得「使者」可說是重大成功。因為這場交易，我們很快就判定自己沒辦法維持競爭優勢。從醫療經理的觀點來看，這場交易意味著我們的競爭對手現在擁有一家電子數據交換中心，而我們每年正是透過這家交換中心傳送所有客戶的數億筆理賠申請。

有時候，我很慶幸自己不再當家——二〇〇〇年一月底正是這種時候。

48 一天建成羅馬

極富挑戰性的商業經驗幫助我在靈性上成長

馬提在隨後舉行的董事會會議裡表現得很冷靜、鎮定。事實上，他看起來甚至比平常更銳利、精明。後來我才知道，他在不利情況下表現出來的能力，就和運用有利機會時一樣優異。他跟董事會成員逐一檢視手邊的選擇，最後決定我們最好試著和永健／網路醫生協商善意合併的可能性。這就是典型的「打不過他們，就加入他們」。問題是，我們很清楚永健／網路醫生的根基很脆弱。這家公司只是建立在對於未來表現的展望上，市場卻認爲他們有七十億美元的價值。可惜，我們最有希望的成功之路就是跟他們合併，並且必須努力讓這件事成眞。

事情的發展令人難以置信，醫療經理股份有限公司和永健／網路醫生宣布合併，就在我們得知「使者」相關交易消息的三星期後。那一天是二〇〇〇年二月十四日，情人節。在這樁交易裡，醫療經理股份有限公司被估計有三十五億美元的價值，華爾街則將之描繪成健康照護產業兩大巨擘的合併。所有媒體都把這個當成頭條新聞。這項宣告將醫療經理的股價一舉推向每股八十六美元的高峰，我們三年前剛上市時，每股股價可是只有十七．六美元。

可惜，歡樂的時光非常短暫。宣布合併的幾星期後，聲名狼藉、因為對網路公司過於膨脹的期待而導致的網路泡沫化現象開始出現。我們甚至還沒完成交易呢，然而到了二〇〇〇年四月，永健/網路醫生的市值已經折損百分之七十，而因為雙方的合併協議，我們的股價也應聲下跌。整件事變成一場災難，僅存的希望是努力執行重組整個公司所需的工作。

這項任務艱苦無比。網路醫生是典型的網路公司，而網路泡沫正開始爆破。它每股的股價曾經超過一百美元，等到我們完成交易時，股價已降到每股十七．五美元，並持續往下滑向二〇〇一年八月每股三美元的最低點。這種狀況需要激烈手段，而我們也這麼做了。

交易完成不到一個月，馬堤成為董事會主席，他和他的精銳管理團隊負責經營公司。我仍然是醫療經理業務服務部門的執行長，並在合併後的公司董事會有一席之地——公司名稱沿用「網路醫生」。馬堤請來一位經驗豐富的企業改造專家馬福．瑞奇，在大規模重組期間擔任總裁。公司一年正在損失數億美元，一定得止血了。馬福的工作是徹底了解所有部門，把人員裁減到維持核心競爭力的最低數目。最後留下來的，會是那些與網路醫生的核心願景一致，並且可以立即開始掙錢的部門。

橫在我們眼前的任務很驚人，對我個人的成長大有助益。我發現自己如今身處一個執行團隊，大家都不抱怨，只是捲起袖子搞定這個大案子。每個人日夜不停地工作，執行一切所需的事，不讓這艘船沉下去。多年來，我一直努力擺脫內在那個始終堅持事情要照自己想要的模樣呈現的軟弱之人；如今，沒有任何一件事的發展是任何人想要的。然而，大家只是深吸一口氣，努力執行自己被要求去做的事。身爲其中一分子的感覺很棒，讓我學會一堂關於內在力量的課，在一個非常深的層次上永遠改變了我。

馬福有一天打電話給我，要我陪他去加州，網路醫生的網站就是在那裡開發的。如果說我們剛合併的這家公司有一項主要資產，這就是了。馬福要我在和網站開發團隊開會時，扮演開發專家的角色。公司多數的虧損是由網路服務造成的，這部分一定得處理。問題是，儘管有虧損，這支開發團隊依然向新的網路醫生管理階層要求高額薪水和各項福利。他們認爲自己握有主導權，畢竟公司整個網路服務的開發由他們掌控。

抵達之後，我不敢相信自己看到的景象：超過八百名開發工程師在矽谷一間改造過的大倉庫裡工作，放眼望去盡是一個又一個小隔間。我還以爲自己在阿拉楚華的開發團隊規模已經很龐大了。我們大概有兩百五十人，但這個開發團隊的人數是我們的三倍多，每個人都像沙丁魚似地擠在裡面。

可惜，開會時間不是很長。我、馬福和他們的資深管理團隊坐下來，聆聽他們的要求。他們把所有的要求詳細列印出來，滿滿地好幾頁。他們說完後，馬福提出他願意提供的，只有短短一頁。開發主管們私下討論，然後很快回座，把他們的答案告訴馬福：答應我們的要求，不然我們就辭職。

我實在有很多地方要向馬堤和馬福這樣的人學習，所以在過程中抱持全然開放的心態。我本來以爲下一步是要考慮哪些人一定要留住，然後硬著頭皮面對，結果卻不是如此。馬福花了幾分鐘安靜地放鬆心情，然後站起來，示意我跟他走出去。出了會議室，他立刻把整個開發團隊聚集在開放的隔間區域，接著向大家說明，他們的管理階層剛才集體辭職了，如果有人想跟他們一起走，此時就得做出決定。公司無法保證那些希望留下來的人會有工作，但接下來的幾星期大家會一起討論出需要留下哪些人，好讓核心開發工作得以持續。就這樣了。馬福留下幾個自己帶過來的人負責處理大批員工離職的後續部分，然後我們就離開了。

針對這整件事，馬福只對我說，如果你讓別人要挾你，他們會逼迫你做出很糟糕的決定，然後你就會一敗塗地。倒不如正面迎擊，至少掌握自己的命運。誰會相信，僅僅幾個月後，馬提手下一名資深主管把網站的開發工作移到紐約，以不到四十名開發工程師的隊伍重新推出網站。這個新網站為網路醫生的整個未來打下基礎。

我一再看見這些極富挑戰性的商業經驗對我的靈性成長有很大的幫助。我只是持續捨棄內在湧現的任何不舒服情緒，然後不可避免地，一股更為強大的靈性能量流取而代之。這股不斷增強的力量幫助我準備好面對生命的下一個成長體驗：馬福的組織改造團隊終於把矛頭指向我的部門。

醫療經理業務服務部門當時是網路醫生最大的單位之一，已經成長到將近兩千名員工，足以讓我們成為降低成本的目標了。在這樣的前提下，馬福帶著組織改造團隊來阿拉楚華開了兩天的會。第一天，我們提出事業計畫，以及對未來的願景。幸運的是，我們做足準備，帶著馬福看了現有的產品及它們非常成功的營收產生機制，還有我們為了未來正在研發的產品和服務。而讓薩賓娜報告醫療經理網路服務的年收入僅僅在三年內就從幾十萬美元，大幅成長為五千萬美元，肯定也不是件壞事。

進行這些簡報時，我才突然眞正意識到發生了什麼事。先前我和約翰．康恩做足安排，想確保醫療經理不會被永健和網路醫生這類潛力無窮的網路公司拋在後頭。

同時，我和薩賓娜一直想方設法取得「使者」，或是其他電子數據交換中心，以發展到足以實現我們對網路服務的願景。撇開我們面對的所有負面問題，令人驚訝的現實是，當混亂過去，我們最後擁有這三家公司了——網路醫生、永健和使者。不久之前，根本沒人想像得到這種事情有可能發生。如同我經歷過的其他許多事，無法想像的事情眞的發生了。

我們對馬福和他的團隊做的簡報進行得非常順利，那一整天都可以感覺到會議室瀰漫著興奮的情緒。然而，那天傍晚我回到會議室時，裡頭的景象讓我非常震驚：會議室的四面牆上貼滿電腦列印出來的資料，上面是醫療經理業務服務部門兩千名員工的名字。那些紙張像壁紙一樣貼在那裡，預示著隔天計畫要做的事：清單上的每一個名字都必須被評估去留。我深感驚恐，特別是我們最近才招募了新員工，好跟上部門成長的腳步。

當天晚上回到家後，我很擔心員工的命運。隔天有可能變成很糟糕的一天。但同時，我也知道馬福必須降低成本，而我身爲執行長的工作就是要幫助他。這可能會在公司內部造成許多緊張局面，但我決定臣服於現實狀況，盡可能在這兩個令人擔憂的地方取得平衡。知道自己的心放在正確位置之後，我那天晚上很平靜；當明天來臨時，我會盡己所能做到最好。

隔天早上走進會議室，眼前的景象再度讓我大爲震驚。那些列印出來的資料已經被取下來，四面牆恢復原狀。在我有辦法開口詢問發生什麼事之前，馬福的副手把我帶到外面的走廊上，然後告訴我，他和馬福前一天晚上碰過面，兩人決定跳過裁員這一步，讓我們繼續進行目前正在做的傑出工作。他還說，我們達到的成績及對未來的計畫讓他們印象深刻。既然覺得第二天沒有必要再開會，馬福已經搭乘早班飛機先行離開。他的團隊整理好行李，跟我們握手道別，就踏上歸途了。我一直到今天都不曉得，如果我管理團隊的其他人看到牆上貼滿員工名單的不祥景象，會有什麼反應。

幾個小時後，我接到人力資源部的主管從位於紐澤西州的公司總部打來的電話，那時我才了解這些事有多不尋常。他整個人興奮極了，開玩笑地問我，馬福待在阿拉楚華時，我到底讓他吞了什麼藥。接著他又說，他懷疑公司歷史上有沒有發生過這種事。我們都很清楚，馬福的天職就是降低成本，而他帶著這樣的意圖來到這裡，最後卻什麼也沒做就離開，證明了我們部門的工作品質和馬福的管理者身分。我和醫療經理在二〇〇〇年收到許多禮物，但沒有一樣禮物比我如此尊敬的人對我深具信心更有意義。

49 華盛頓見聞

挑戰越困難，內在越平靜

二〇〇〇年不僅迎來新的千禧年，也讓「醫療經理」這套軟體贏得一連串讚譽，來到成功的巔峰。對我這個剛坐上魔毯飛行的人來說，這一切只證明了生命之流的完美。我並未尋求任何讚譽，只是讓自己隨著生命的風飛翔，看看它要帶我去哪裡。

我們的前任董事雷．庫茲威爾邀請我三月陪同他到白宮領取國家科技獎章。雷有許多重要發明，包括第一張讓電子鍵盤發出鋼琴或其他真實樂器聲音的微晶片。此外，他也被認爲是語音辨識軟體的發明者之一。雷以前是醫療經理股份有限公司的董事，我則曾經是庫茲威爾教育系統董事會的一員，我倆透過這些交流成爲好友，他甚至來聖堂住過幾次，對東方哲學顯露出濃厚的興趣。我必須穿著晚宴服進入白宮，這跟我平時的穿衣風格相去甚遠，但我對於能夠陪同雷去接受這份榮耀感到很興奮。

跟許多人一樣，我曾經以遊客的身分參觀白宮，但從來沒有當過總統的座上客。典禮之後有雞尾酒會，我們可以在一樓所有的房間自由走動。我從綠廳的一扇窗戶往外俯瞰華盛頓紀念碑，想著有幾位總統也曾經這樣往外看出去。儘管坐在那些房間的骨董椅上讓我很不習慣，但我不斷想著，和我交談的都是在某個科學領域獲得國家榮譽獎章的人啊。柯林頓總統加入人群中，我還在走廊上遇到史提夫．汪達。總的來說，這是那種「我在這裡做什麼啊」的時刻。我是個搬到森林裡靜心的瑜伽士，臣服於生命之流，結果來到了這裡——眞是不可思議啊。

那不是我那一年唯一一次到華盛頓旅行。就在下一個月，我又回到華盛頓，代表公司把「醫療經理」送給史密森尼學會列爲永久館藏。史密森尼學會努力爲未來世代留下資訊科技革命的相關紀錄，如同我們現在回頭看工業革命的感覺一樣，將來有一天，人們會被電腦徹底改變我們生活方式的這段時期吸引。每一年，由世界頂尖資訊科技公司執行長組成的評選小組會搜尋在這個領域有傑出表現的公司或組織，而由於我們在健康照護電子交易方面的出色成績，醫療經理成爲二〇〇〇年的入選公司之一，得以將它的故事保存在時間膠囊裡，留給後世。典禮前一晚有場盛大的宴會，隔天則在博物館舉行典禮。我帶了幾位元老級員工，以及朵娜、杜嘉一同出席。回想二十年前，我獨自坐在森林裡那個小房間編寫這套程式時，根本想像不到它有一天會成爲史密森尼學會的收藏。

結果，我在同年八月又因爲一件非常重要的事回到華盛頓。我被要求代表公司參加司法部的會議，因爲在大型公司得以合併之前，美國政府保有判定這項合併案是否妨礙競爭及違背反托拉斯法的權力。在永健/網路醫生和醫療經理的合併案中，政府要求我們提供鉅細靡遺的資料，並參與面對面的會議。這麼做的理由是醫療經理網路服務傳送了非常多理賠申請給「使者」，以致政府對准許我們隸屬同一家公司有疑慮。我對這個情況的直接反應是非常謙遜。醫療經理眞的成功到讓美國政府必須擔心我們會違反我在商學院念過的那個反托拉斯法嗎？不，不完全是這樣的，但我們必須讓他們相信這一點。

我和薩賓娜飛到華盛頓爲司法部的會議做準備。大約就在那時候，我開始注意到自己的生活中出現越來越多律師。我們和華盛頓特區最大的法律事務所之一合作，在他們的辦公室開了策略會議。那裡到處都是律師，但有一位在其他人之中總是特別顯眼。吉姆·梅瑟是馬堤的訴訟專家，對法律和商業都有很深入的研究。我非常敬重吉姆，且對他深具信心，很高興他也會出席司法部的會議。

我以前當然沒有和司法部打過交道，在一大群律師的陪同下走進司法部可不是我日常生活中可以見到的陣仗。儘管如此，經過好幾個小時的猛烈質詢，我和薩賓娜勉力針對政府擔心的事提供了令人滿意的說法。所有該說的都說完、該做的都做完之後，這項合併案將不會出現任何違背反托拉斯法的問題。儘管這場嚴峻考驗結束使我們大大鬆了一口氣，卻也讓我上了寶貴的一課。

接觸到這些權威人士和緊繃狀況，對我一直努力觀察的心靈產生深遠影響。我以前從未接觸過如此激烈的生活方式，我既不喜歡也絲毫不想要這種生活，但它的確迫使我去面對自己的某些部分——在其他情況下，我不會去面對那些部分的我。如果發現軟弱、恐懼或焦慮浮了上來，我就徹底放鬆，回到我一直在那裡觀察的地方。我就是持續把任何湧上來的情緒放掉。這是生命帶我來到的地方，我把這些狀況都當成捨棄自我的方法，而這確實有用。我不斷被推進各種非常正面和非常負面的情況裡，然後漸漸發現自己處於非常清明和不受打擾的狀態。生命讓我經歷越多挑戰，我內在的能量流似乎就越不受外在情況影響。**多年來刻意靜心還是擺脫不掉的東西，生命安排的種種狀況和挑戰正在將之連根拔除**。只要我將「捨棄自我」當成唯一目標，每種狀況都是讓我有所收穫的經驗；如果我有其他目標，我想，持續不斷的壓力就會讓人難以忍受了。我發現，我在處理越來越困難的挑戰時，內在反而變得更平靜。**生命每天都在塑造我，讓我成為處理明天的任務必須變成的那個人，而我要做的只是放手，不要抗拒這個過程**。

接下來的幾年裡，我的醫療經理業務服務部門一路攀向財務成功的巔峰。我們成長到擁有兩千三百多名員工、年收入超過三億美元的規模。我們供應的醫務管理系統在全美有最多醫療院所安裝，然後，我們開始把注意力轉向建立全面電腦化的電子健康紀錄。這是一段充滿重大挑戰的時期，讓我經歷前所未有的成長，但我不知道生命的戲劇性改變之門即將再度開啓，而這一次，它會重新爲我定義何謂「經歷轉化性成長」。

第9部
全然臣服

50 聯邦調查局上門搜查

臣服不是選項，是唯一能做的事

那天是二〇〇三年九月三日，星期三。我之所以記得，是因爲每個星期三早上我都會進城到蓋恩斯威爾找闕斯醫師調養身體。結束之後，我注意到手機裡有一通語音留言，來自阿拉楚華研發部門的常駐律師麗莎・艾略特。她說有重要的事，因此我還在停車場就回電給她。麗莎接起手機，她很高興我打回去。她的聲音聽起來異常緊張，我發覺事情相當嚴重。她要我立刻趕回公司，因爲聯邦調查局探員在那裡，而且指名要見我。我第一個念頭是，事情應該跟幾年前一位聯邦執法官來公司找一名先前的員工有關。我問麗莎對方是不是要找某人，她答道：「不，聯邦調查局在這裡，約有十二到十五名探員，加上警局的人。他們接管了整座廠房，切斷所有電話線路，關閉整個電腦系統。這是一次全面的突襲搜查。直升機在我們頭上飛來飛去，那些探員都配槍，他們還有搜索票。你得立刻回來！」

她說的每個字我都聽得很清楚，也很明白這些話傳達出來的急迫感，但整個情況實在太過荒謬，我怎樣就是沒辦法理解。這就像是——他們可能弄錯地址了。我想這就是爲什麼我當時不怎麼緊張。事實上，想到我即將指出他們搞錯了，感覺還挺刺激的。我問麗莎到底是怎麼回事，他們爲什麼會在那裡？她說她不知道，但顯然我們在坦帕的辦公室和紐澤西州的公司總部也發生同樣的事。她一直試圖打電話給我們的法務長查理·梅爾，但就是連絡不上，全公司的電話都被切斷了。我向她保證我會立刻趕回去。

開車回辦公室的二十分鐘路程裡，我試著打電話給每一個我認爲可能知道一些訊息的人。即使在研發部門廠區外面停車時，我還是完全不知道發生了什麼事。前面的車道完全被警局的車堵住了，來公司準備上班的員工也被勒令不准進入。我追上一位副警長，表明身分。他用無線電呼叫，然後立刻示意其他人讓我進去。我沿著蜿蜒的長車道往上開，經過美麗的牧草地，一路看見執法人員的車輛散布各地。當我接近一號大樓時，看見警局十二公尺長的移動指揮中心橫跨我們的停車場。我們那時有五棟大樓，全部被聯邦調查局探員和警察包圍。眞有兩架直升機在上方盤旋，我想這是媒體報新聞要用的吧。

我把車子停在平常的位置，然後走進大樓。整個地方擠滿執法人員，四、五位探員迎上來，立刻將我帶入後面的會議室——我就在那裡待了一整天。我要求我們的常駐律師麗莎必須在場，因此她也被帶進會議室。那些探員表示他們分別來自聯邦調查局和財政部，看起來非常專業和幹練。他們拿出麗莎檢查過的搜索票給我看，然後我被告知，這張搜索票讓他們可以完全掌控整個廠區，而且有權帶走任何一樣列在搜索項目清單上的物品。他們要我在一張紙上簽名，確認已經收到搜索票。我瞥了麗莎一眼，她點頭表示我應該簽名。我根本不知道該怎麼做，覺得自己和這個場景格格不入。面對這種事，我能想到的參考架構只有電影，而我懷疑那會有多少幫助。

我問負責的探員能否幫助我了解這到底是怎麼一回事。他們沒透露太多，但是讓我看了一張大約列了三十個人名的清單，說這些人是他們的重點調查對象。原本的醫療經理股份有限公司整個經營管理團隊成員的名字都在上頭，還有馬堤、吉姆·梅瑟律師，以及網路醫生會計部門的幾位主管。看著那張名單時，我的嘴巴一定因爲震驚而合不起來。不過，上頭也有幾個名字讓我覺得困惑，例如一家聲譽卓著、和醫療經理股份有限公司合作過的會計師事務所的資深審計員。我鎮定地吸收、理解每一件事，腦子卻一直轉動，試圖找出這些事情背後的線索。

直到看見名單上的一個人名，我才眞正有些頭緒。這個名字是派特·賽德拉斯克。和名單上其他人不一樣的是，此人既不屬於我們的經營管理團隊，也不是法律或會計部門的人。派特隸屬經銷商收購團隊，這個團隊由我們經銷商收購部門的副總經理巴比．戴維茲負責。巴比是在一九九七年首次公開募股時進入公司的，同時間進來的還有我們的營運長約翰．賽森斯，以及銷售部門的副總經理大衛．華德。要不是我們正在調查派特私下向一些經銷商收取回扣的事，我還眞無法從兩千三百名部門員工中認出他的名字。那項調查始於二〇〇二年底，到了二〇〇三年初，調查對象已經包含巴比．戴維茲和其他幾名員工。透過外部律師的協助，網路醫生的企業律師正在處理這件事。我們已經開除涉入的人，並到坦帕法院對他們提起告訴，以拿到傳票來凍結巴比和派特的資產。

隨著調查持續進行，我們發現越來越多巴比或派特（或兩個人都有）從正在收購的經銷商那裡收取回扣的事件。我們利用傳票拿到他們的銀行帳戶，揭露了一個錯綜複雜的空殼公司網，巴比一直用這些公司來藏錢。調查員透過從這些帳戶進出的資金追蹤到有誰涉入，派特已經鬆口願意合作，顯然巴比是整件事的元凶。到了被突襲搜查的這個時候，我們已經追蹤到數百萬美元，而且調查仍在進行。派特和巴比的名字都在名單上，搜索票列出一百多家我們已收購的經銷商，這次的突襲搜查很可能出於某種原因與巴比做的事有關。可是，他收取回扣的計畫只跟四、五名員工有關，且我們對這件事的調查都是公開的，政府爲何不直接跟那些負責調查的律師談呢？所有的事證都很容易取得，爲什麼還要突襲阿拉楚華、坦帕和紐澤西？

我終於用手機連絡上網路醫生的法務長查理。他證實紐澤西州的總部也被聯邦調查局突襲搜查，他跟我一樣如墮五里霧中，不明所以。此外，他也懷疑這或許和巴比．戴維茲涉入的不法情事有關。我們討論到，巴比可能告訴政府，公司所有的高層主管都參與了他拿回扣的案子，好跟政府達成某種協議。如果眞是如此，他的故事似乎站不住腳，因爲我們手上握有他的銀行帳戶及已付支票等鐵證。查理說我們過幾天就會知道更多細節，這段期間應該全力配合探員的調查工作。

一股全然平靜的感覺籠罩著我，一整天下來都是如此。它是那麼地厚，彷彿一張防護毯。我一點都不擔心。我知道自己沒有做錯任何事，因此他們找不到什麼東西。如果這眞是巴比爲了自救而扯出來的彌天大謊，證據會讓眞相大白。我想確定自己眞的完全理解這個奇特的經驗，不是每天都會有聯邦調查局莫名其妙地來突襲搜查你的住家吧？

我的了解是，全美國有超過五十名政府探員加入這次的搜查。他們花了一整天，結束時，幾乎帶走所有的東西。我辦公桌裡的每一張紙都被拿走，檔案櫃全部被清空，我的執行助理珊蒂．普蘭的櫃子也是。麗莎辦公室和檔案室裡所有的法律文件都被帶走，會議室的桌上原本堆著好幾疊我們工作時常會用到的資料夾，那些也全數被拿走，而我們不可能重建那些資料。被帶走的不只是紙本文件，他們還把我們桌上型電腦和伺服器硬碟裡的所有檔案以鏡像方式複製一份帶走。

那一天在我毫無作爲的情況下過去了。面對生命將我塞入其中的激烈情境，我把一整天的時間都用來努力讓自己保持完全自在。眞的沒有理由去思考爲什麼會發生這種事，或者最後會有什麼結果。既然我根本不知道是怎麼回事，想這些也沒用。相反地，我讓自己去享受捨棄腦袋裡的說話聲的過程，每當我的心開始覺得焦慮，就徹底放鬆。在這種情況下，臣服不是選項，而是唯一能做的事。

那天傍晚離開前，我去找了領頭的探員，感謝他們表現出如此友好的態度，並告訴他們，我很希望彼此是在比較愉快的情況下見面。對我來說，他們只是一群盡力把工作做好的人，整件事當然不是他們的錯。

二〇〇三年九月三日那天太陽西下時，美國政府帶走了一百二十萬封電子郵件、一千五百箱檔案（裡面的文件超過三百萬頁），以及八十三萬個電腦檔案。那確實是個令人名聲蒙羞的日子。

51 律師、律師，更多律師

不讓混亂偷走內在的平靜和喜樂

隔天早上，我得以一窺自己的生活暫時會是什麼模樣。《蓋恩斯威爾太陽報》的頭條新聞寫著：「聯邦調查局突襲搜查醫療經理阿拉楚華辦公室。」下方有我的照片，旁邊是故事標題：「華爾街中午前暫停網路醫生股票交易。」我知道即使我沒做什麼，或者我甚至不明白為何會被突襲搜查，也不會對目前的狀況造成多大改變——我登上報紙頭條了。我之前從來沒在公開場合丟過臉，也注意到這樣的狀況確實在我心裡掀起波瀾。我腦袋裡的聲音拚命想要解釋這件事跟我沒有關係。當然會有人想要聽聽我的說法，全美各地的媒體，包括《華爾街日報》和《紐約時報》都試著跟我連絡。

幸好，我還知道怎麼做。我花了這麼多年讓心智的聲音安靜下來，學會了聽從它只會火上加油。我知道讓自己放鬆，並且放手讓那股爲自己辯護的衝動過去的威力有多大。我決定只在絕對必要的情況下才去討論這件事，不然我就是一如往常地做自己的事。我沒有做錯什麼，爲何要讓這件事影響我？隨著時間過去，事情會自行解決的。與此同時，我不會讓它偷走我內在深處的平靜和喜樂。打從一開始，我就決心利用這整個狀況徹底擺脫內在那個老是扯我後腿的恐懼之人剩餘的部分。這就是我的整個旅程：不計任何代價都要解脫。

早上第一件事就是跟公司的律師開電話會議，沒人能夠理解這到底是怎麼一回事。無論如何，第一要務是雇用一位律師——嗯，其實不是一位律師，而是要請不同的法律事務所分別代表公司和董事會，還要爲名單上的每一個人雇用一位刑事辯護律師。我看得出來公司的律師很嚴肅地看待這件事。他們解釋，無論你做的事是否完全合法都無關緊要，這種陣仗的突襲搜查清楚預示了後面會有大麻煩，所以每個人都需要有個法律代表。我很快就發現，即使如此安排仍然不夠。這次的調查由南卡羅來納州查爾斯頓市的美國聯邦檢察官辦公室主導，律師建議資深主管也應該安排可以在那裡執業的律師。因此，我們現在談的是雇用三十到四十名律師，加上兩家代表公司的律師事務所。如果那場突襲搜查還沒嚇到我，接下來該怎麼爲自己辯護就眞的讓我驚呆了。

我無法理解自己爲何突然被推進這個狀況裡，刑事案件之類的，我根本毫無頭緒，連想都沒想過這方面的事。這讓我對於可能面對什麼樣的危險顯得很天眞。如果讓我自己處理，我可能會覺得既然我什麼也沒做，就應該直接走進司法部跟政府談。幸好，我身邊都是有見識的企業家，他們知道在跟律師討論、釐清到底是怎麼回事之前，不要採取任何行動。隨著事件發展，我確實學到了那個忠告裡蘊藏的智慧。

接下來的幾個星期，網路醫生的董事會聘請威廉斯與康諾利律師事務所代表公司。這間事務所在華盛頓不是最大的，但在處理這類案件方面聲譽卓著。既然吉姆．梅瑟是我最敬重的律師，我請他幫我挑選代表律師。我是生手，他是專家，我眞的非常感謝他給我的所有協助和支持。吉姆帶我去找威廉斯與康諾利律師事務所的一位律師，對方給我一張名單，上面是他過去合作過的傑出刑事辯護律師。這看起來是個重大決定。我不知道該怎麼「面試」頂尖的刑事律師，便按照吉姆的建議，開始安排和幾位律師初步會面——但我心裡知道，我會交由生命之流做決定。

結果，我最後只和一位律師——藍迪．托克——見面。藍迪是貝克博茨律師事務所的資深合夥人，這是全美歷史最久也最受敬重的律師事務所之一。他的履歷表看起來就像白領階級刑事辯護世界的名人錄，從成功爲休斯飛機公司打贏美國政府針對「哈伯太空望遠鏡修復」事件索賠四億美元的官司，到替雷根總統的白宮副幕僚長麥克．狄佛被控做僞證和妨礙司法公正一案辯護……他的名人客戶多到數不完。

在我所能收集到關於藍迪的資訊當中，對我影響最大的，是威廉斯與康諾利律師事務所的一位律師對我說過的一件事。他聽說我綁馬尾、住在森林裡，便告訴我，在他認識的頂尖辯護律師中，藍迪是思想最前衛的。那個律師根據自己聽到的、關於我的事，覺得我和藍迪會相處得很好。

我第一次跟藍迪見面是在紐約。他飛過來參加網路醫生的股東會，好跟我和吉姆．梅瑟見面（吉姆在幫我挑選律師）。我立刻就覺得在藍迪身邊很自在。他替被政府控告的人辯護已經三十多年了，在華盛頓執業，而且顯然相當成功。藍迪似乎被這個案子和我獨特的背景挑起濃厚興趣，他已經盡可能從威廉斯與康諾利律師事務所的熟人那裡了解相關資訊，我和吉姆則告訴他我們知道的部分。

我和藍迪見面時，網路醫生對政府的調查重點已經掌握了更多訊息。如同我們先前懷疑的，巴比．戴維茲是這一切的幕後黑手。二〇〇三年初公司取得傳票、成功查出他的祕密銀行帳戶之後，巴比知道自己被逮到了，我們早晚會發現他透過收取回扣和盜用公款偷了將近六百萬美元，而他會因此坐牢很長一段時間。不過，巴比是個騙子，而且顯然是箇中高手。他無疑騙了我們好幾年，同時還暗中進行他的詭計而不被發現。二〇〇三年三月，巴比．戴維茲展開他這輩子最大的騙局：如何避免因爲他的所作所爲而受到處罰。他走進位於南卡羅來納州查爾斯頓市、離他家不遠的聯邦檢察官辦公室告密。他告訴聯邦檢察官，他是一間上市公司的主管，涉及一宗大規模的會計詐欺案。他承認他和其他幾個人在這案子裡有收取回扣，但如果政府願意跟他達成協議，他已經準備好要把整個管理團隊的人供出來了。

接下來的六個月、直到突襲搜查之前，正當網路醫生的律師公開調查巴比・戴維茲及其黨羽做的勾當時，他正祕密地讓政府走進他精心編織的謊言之網。巴比其實是個註冊會計師，負責整個經銷商收購案，因此，他很清楚每一次的收購和每一份證明文件的細節。他完全可以自由編造出一整個關於公司和公司主管的參考架構，以取信政府。巴比擁有畢卡索般的高超技巧，在人們腦中的空白帆布上畫出自己的「傑作」。他要做的，就是確保他說的故事版本後來會在探員們找到的文件中獲得證實。他知道不會有任何鐵證能夠支持他嘴裡說出來的「巴比的故事」，但只要他說自己被告知要以某種方式達成交易，且他後來能夠證明交易的確是以那種方式達成的，就可以支持他的說法了。問題是，他沒辦法證實他是「被告知」的。不過，如果他告訴政府調查員他們會找到什麼東西，他們也持續尋找，就可以爲他故事剩下的部分增加可信度。到最後，他會獲得他們的信任。如果「知識就是力量」，那麼，巴比・戴維茲擁有所有的力量。在與政府的早期互動中，他是掌握全部知識、掌握全部「所知之事」的一方。

藍迪解釋，這種情況不算罕見。當政府有了某種觀點，便會試圖找出證據來支持那個觀點。這就是聯邦調查局在突襲搜查時帶走大批文件的原因。他說，這麼多文件的麻煩在於，你總是可以找到方法讓那些文件證明你想得沒錯。帶著這個不祥的預兆，藍迪同意盡全力爲我辯護，雙方握手爲定。當時我根本不知道我倆即將一起踏上漫長而艱辛的旅程，也不知道我們的友誼後來會變得如此緊密。那時我只知道，將我引進這團混亂中的一連串生命事件，也引領我找到了我的首席律師。跟隨這道流是我的偉大實驗，如今也不可能回頭了。

52 美利堅合眾國控告麥克・辛格

可怕的情勢正帶來驚人的變化

突襲搜查過後四個月，我們對整件事的了解仍然很有限。我還是很有信心，覺得政府調查員看過所有文件、約談公司的人之後，就會了解巴比和他的黨羽才是唯一做錯事情的人。媒體不再把這件事當成頭條新聞報導，我們的日常生活相對恢復正常。藍迪來過阿拉楚華一、兩次，他團隊的幾名成員也來過。既然我們無從得知政府打算用什麼理由起訴我們，且他們又帶走了一九九七到二〇〇三年的所有文件，我們在法律上能著力的事情並不多。所有主管唯一能做的事，就是開始讓各自的律師加速熟悉我們公司，以及我們的個人經歷。

藍迪爲我在南卡羅來納州找了一位律師——約翰・西蒙斯。沒多久，約翰就下來找我，而我對他印象深刻。約翰過去曾經擔任南卡羅來納州的聯邦檢察官，現在自己出來開業。我們兩人相處了一天，當他看見我過去這些年為公司和聖堂所做的一切之後，對於現下發生的事越來越震驚。他告訴我，他認識指揮調查的檢察官，對方是一位聰穎優秀的女性。跟其他所有相關的人一樣，約翰很納悶巴比怎麼有辦法讓她站到他那一邊。

藍迪告訴我，這類白領階級的重大調查案通常會進行好幾年，而不只是幾個月。他說在政府調查員把他們掌握到的東西弄清楚、準備成立案子之前，我們能做的事並不多；但他也說，我們可以連絡檢察官，打聽我在名單上的重要程度如何。知道自己是這次調查的目標之一時，我感到很震驚，藍迪卻不覺得意外。政府在獵人頭，而因為我是執行長，自然會被排在名單上的前幾位。無論如何，我仍然相信他們找不到任何東西，我沒有什麼好擔心的。我相信真相最後會贏得勝利。

與此同時，公司在辯護上的動作更有攻擊性了，聘請一家法律事務所來完成巴比收取回扣的內部調查。就因為他不知怎麼地讓政府站在他那一邊，不代表他沒有盜取公款。此外，公司也開始證明，我們內部出現會計詐欺行為是不實謠言。董事會雇用一家鑑識會計事務所，來詳細查核醫療經理業務服務部門二〇〇一年的收入和利潤。網路醫生是一家上市公司，保護它不被拖進這團混亂中是非常重要的。

為了將公司和受到調查的醫療經理高層主管隔離開來，我在二〇〇四年七月卸下部門執行長的職位。同一年稍後，隨著調查白熱化，我也離開了網路醫生的董事會。我把這個當作是為了服務生命正在做的事而採取的另一項臣服行動。我放鬆下來，把內在湧起的任何抗拒全部捨棄。這就是我面對這場嚴酷考驗時抱持的態度，也讓我生命的這個階段成為我靈性旅途中一個深刻而強大的部分。

二〇〇五年一月，調查過程進入下一個重要階段。政府接受巴比．戴維茲和他兩名黨羽在收取回扣案的認罪協議。這些人同意把錢歸還公司，巴比願意入獄服刑一年零一天。考量到巴比終究承認自己在五年內從五十三件收取回扣案中盜取了五百四十萬美元，這結果不算太差。巴比．戴維茲及其黨羽面臨的唯一指控，只有一項「郵件詐欺罪」。

我們幾乎氣憤到不能自已。這對我們來說並非吉兆，因為這表示政府願意對這些人從輕發落，以換取對我們不利的證詞。此外，我們也發現巴比和會計部門一名女職員有婚外情，她是個註冊會計師，也是經銷商收購案的主管會計。在很大的程度上，因為有她的配合，巴比的計謀才能騙過會計部、審計員和眾多主管。然而，她完全沒有被起訴。那一刻，我才開始了解橫亙在我們眼前的阻礙有多少。為了取得證詞，政府願意讓承認有罪的人輕鬆離開。這些人強調高層貪汙，好讓自己遠離焦點。無論如何，報紙上的故事被理解為醫療經理的一些主管已經承認自己涉入會計詐欺，預計會有更多人可能面臨起訴。

這整件事對網路醫生和醫療經理業務服務部門來說都是一場公關惡夢。我最不希望看到公司受害，在盡心服務了二十五年之後，該辭職了。二〇〇五年二月九日，我將辭職信寄給網路醫生的執行長，信末寫著「帶著對公司的愛與敬意」，這大概是這種情況下提出的辭職信中唯一這樣寫的吧。我寫的每一個字都是眞心的。

我很訝異在這麼多年之後，我的內在狀態並沒有因爲離開公司而受到影響。隔天早上醒來後，我像平常一樣去聖堂，然後往上走到「個性化程式設計」位於聖堂土地上的舊辦公樓。那棟建築被改造成一間房子，不過沒有人住在裡面。我的舊辦公室被當成書房使用，裡面保留了十五年前的辦公桌和家具。我發現待在這辦公室裡的感覺就跟在大馬路底端的執行長套房一樣自在——事實上，我在這裡更自在舒服些。我一向喜歡簡單，這也是我最初搬到森林居住的原因。安靜地坐在這間辦公室裡，我可以看見眼前的可怕情勢正帶來驚人的變化——內在和外在。生命總是這樣對我，而接受這些變化便是我的偉大實驗。我知道這次政府對我的攻擊也不例外，我必須心甘情願地走向它要帶我去的地方。

與此同時，我也有時間開始寫我一直知道自己將會寫的書。總共有兩本：第一本說的是我多年前在沙發上第一次注意到腦袋裡有聲音在說話之後學到了什麼，這會是一趟回到「自我」所在的旅程，而世上任何人都可以踏上這樣的旅程，書名會取作《覺醒的你》；第二本則講述這些年我放手讓生命自然開展所發生的一連串奇蹟般的事件，書名定為《臣服實驗》。我還沒辦法寫第二本，因為我不知道這本書的最後一章會怎麼結束。處在這所有的不確定和變化當中，我開始動手寫《覺醒的你》。

凱倫．艾恩納住在聖堂超過十五年了，她在醫療經理公司還在的時候擔任管理職，是個非常有執行力的員工。身為文書與電腦輔助訓練部門的主管，她在我的指導下寫作了很多年。在我離開公司後不久，凱倫表示她想在我寫書的事情上出點力。因此，我現在有一本書要寫，還有一個完美的人手在寫作過程中協助我。聖堂、寫作、跟藍迪和他的團隊定期討論，這些事情讓我在這一年剩下的時間裡很忙碌。

到了二〇〇五年十一月，距離突襲搜查事件整整兩年，藍迪聽說檢察官準備提出起訴書了。他和其他幾位律師要求看到讓他們的客戶罪名成立的證據，結果藍迪寄給我一疊厚達二．五公分的文件，政府打算用這些來證明我在巴比背後操控所有的不法行為。

我很有興趣好好研究這些資料，同時又有些擔心。看了不過幾小時，我整個人目瞪口呆。我在這些文件中看不到任何表明我有罪的東西。裡頭有一些是巴比經手的幾個經銷商收購案的會計報告，但其他多數文件全是我的助理珊蒂在每週兩次的主管電話會議裡親手寫下的筆記。在這些筆記上，聯邦調查局幾乎把每一個提及如何達成季收入和利潤目標的討論內容都圈起來。珊蒂在一些建議或看法旁邊草草寫下我的名字，如此而已。我安下心來，卻又感到憂慮。我放心的原因是，如同我的猜測，他們並未找到任何表明我做錯事的東西；而之所以憂慮，則是因爲他們顯然考慮要把這些畫上圈圈的文件當成證據來起訴我。我不知道自己該怎麼想，便打電話給藍迪。

藍迪告訴我，每個看過這些文件的人都有同樣的反應：裡面沒有什麼東西可以把我跟任何罪行連在一起。藍迪解釋說這無關緊要，巴比已經說了，他涉入的會計詐欺案是爲了讓我們公司在華爾街的數字好看。這些文件將被當作動機。檢察官會主張，我爲了符合華爾街的期待，允許巴比做不該做的事。「動機」是政府需要的元素之一，好讓案子成立來起訴我。不過，這件事不只發生在我身上。藍迪告訴我，其他每一位主管和他們的律師對於收到的文件都是這種反應。

僅僅一個月後的二〇〇五年十二月十九日，藍迪收到通知，位於南卡羅來納州哥倫比亞市的聯邦法警局已經發出一份起訴書——我被捕了。連同醫療經理股份有限公司其他九位前主管，我要在十二月二十八日到南卡羅來納州查爾斯頓市的聯邦當局自首並接受傳訊。傳票上寫著：

美利堅合衆國
控告
麥克・辛格

53 為辯護做準備

在巨大的黑暗中散播光

看到起訴書之前，我一直以爲我很清楚自己在對抗什麼。老實說，這大概是我這輩子看過距離眞相最遠的東西了。我知道巴比．戴維茲告訴政府，我們很清楚他做錯的每一件事。從法律的角度來看，這會讓我們成爲共犯，但起訴書裡連巴比．戴維茲的名字都沒有寫出來。上面列出每一件他宣稱自己做錯的事，陳述上卻是「決策高層」做了這些事情——更準確的用詞是「使這些事情發生」。我們都面臨共謀的罪名，最長可能被判服刑十五年。

初次讀起訴書時，我眞是啞口無言。藍迪沒有。根據他三十年的經驗，這跟他預期的很接近。起訴書以盡可能強烈的字眼呈現政府版本的說法，讓起訴的罪名正當化；另一方面，眞相有希望從審判的烈火中浮現出來。到目前爲止，根本沒有出現任何不利於巴比版故事的說法。我們其實還沒開始反擊。

我、藍迪，以及我在南卡羅來納州的代表律師約翰．西蒙斯在查爾斯頓市見面，出席傳訊。被起訴的十名醫療經理主管都在那裡，身邊跟著多達二十名以上的律師。加入我的有約翰．康恩、約翰．賽森斯、瑞克．卡爾、大衛．華德、兩位區域副總裁、財務長、一位主管會計，以及負責經銷商收購案的律師，場面非常熱鬧。開庭之前，我們都得被聯邦調查局登記入冊和採指紋。不用說，我們每個人都是初次體驗這種事。

當大家終於被聚集在法庭外面時，很多人是多年後第一次見到面。我們當初聯手打造了一家成功的企業，眞正的友誼和同志情誼仍在。律師們希望我們彼此之間不要說話，但這根本不可能。場景變成充滿握手和擁抱的溫馨團聚畫面。我們每個人心裡都知道，自己沒有做出那些被起訴的事。或許是共同的敵人把大家連結得更緊密，我只知道，當檢察官出現時，整個場面比較像社交集會，而不是被傳訊出庭。

我眞的想見見檢察官。我並沒有敵意，事實上，我對她有一種奇怪的親切感，因爲我倆都被同一個詐騙高手——巴比．戴維茲——欺騙了。差別在於我知道這一點，她卻不知道。儘管藍迪認爲不要那樣做比較好，他還是同意我走上前向檢察官自我介紹。她握了我伸出去的手，但她顯然不怎麼喜歡我。這是我們兩人第一次見面，不過她先前已經在腦袋裡架構出一個米奇．辛格的形象，只怕連我自己也不會想和這樣的米奇見面。

訴訟程序進行得很順利，不過站在法官面前的不是一名被告和他的代表律師，而是十名被告和十名代表律師全得擠進來。法庭裡的空間相當小，而讓一般民眾旁聽的公衆席位也被我們法律團隊的其他成員坐滿了。裡頭的空間擠到只能讓十到十二位身穿橘色連身囚衣的收容人先坐到陪審團席，在那裡等著輪到他們見法官。我就站在陪審團席旁邊，這些收容人讓我想起我的監獄團體。我想到，事情如果照這樣發展下去，我將來可能會變成這些人。我知道如果要讓自己平靜地度過這場嚴酷考驗，就必須能夠自在地面對這個想法。因此，我放掉思緒，讓自己放鬆地處於當下。我因爲被傳訊而站在南卡羅來納州的法庭內，卻被我自己對旁邊這些收容人的愛淹沒了。藍迪必須輕推我，要我站直，把注意力放在訴訟程序。我只知道，我正走在自己的生命旅途中，看看它把我帶到哪裡了。

法官裁定我們當場具結釋放，不需要提交保證金。儘管可以自由離開，我還是在法庭多逗留了一會兒，想知道這個地方是否爲我預備了什麼。這在一個人的生命中是很獨特的時刻，最好別錯過。

之後，我和幾位管理階層的人聚了一會兒。我和瑞克．卡爾好幾年沒見了，彼此的友誼卻一點也沒有受到影響。他告訴我，他在佛羅里達州被提名爲聯邦法官，原本所有跡象都顯示他會獲得任命，但在聽到自己被起訴那一刻，他只能撤回自己的名字。無獨有偶，約翰．康恩也準備從他和弟弟一手創立的上市公司董事長和執行長的位置退下來。每個人原本都有燦爛的前景等在前頭，眼前的狀況卻改變了大家的生活。

除了這些主管和他們的家庭，媒體以頭版刊出起訴書內容也影響了其他幾位我很珍視的人的生活。我接到尤寧矯治機構典獄長打來的電話，說在這件事解決之前，他不得不撤銷我在星期六早上到監獄探訪我的團體成員的權利。三十年來，我全心投入地做著這件或許是我此生做過最重要的事，然後，我的監獄探訪工作就這樣結束了。我黑暗的浪潮正落在每一件帶來許多光亮的事物上，情勢完全超出我能控制的範圍。我決心讓自己平靜地處於內在深處，看看這股黑暗能否就這樣經過，而不影響我的內在狀態。這就像是我剛展開這項「面對危險時學著放手」的實驗那段日子，最大的不同在於，此刻面對的危險遠大於我所能想像的任何事，簡直就是完美風暴。

與此同時，因爲那場突襲搜查已經是兩年多以前的事了，根據法律，政府必須公開調查人員手中掌握的所有資料。然而，到了被傳訊的日子，我們手上仍然沒有任何文件可以準備辯護。那天傍晚，整個聯合辯護團隊聚在一間旅館裡。我眞的很喜歡看著這些律師互動。藍迪帶頭整理了一份聯合辯護協議，讓我們可以分享資料，但最終，每位律師還是只須考慮自己客戶的最大利益。置身在滿屋子的刑事辯護律師之中，我了解到自己身處一個令人驚奇的狀況——我即將踏上我個人的美國司法系統之旅。我知道自己想都沒想過要做那些我被指控的事，然而，這整件事到底會如何發展？我們偉大的司法系統會公平運作嗎？

一個月後，我們開始收到第一波公開的資料，拿到在突襲搜查時被帶走的一百二十萬封電子郵件，以及聯邦調查局探員在約談時做的一些筆記。然後，再過五個月我們才能拿到被扣押的數百萬頁紙本文件，更別說那幾十萬個在突襲搜查時被複製帶走的電腦檔案。政府花了將近三年檢視所有資料，辯方得花上好幾年才能全部看完。

公開資料開始送達後，藍迪和貝克博茨律師事務所的團隊就不斷給我任務：重新檢視數萬封電子郵件；重新檢視六年間所有主管會議的筆記；重新檢視我多年來針對每晚帶回家看的工作所寫下的回覆。我定期到華盛頓與律師團隊討論特定事項，每一次，貝克博茨那裡總有四、五位律師在研究我的案子。其他主管的律師也都有專用團隊，但人數不一定都這麼多。越深入研究這些資料，事實越明顯：除了巴比和他的黨羽之外，根本沒有人做錯任何事。沒有電子郵件或文件可以證明有任何一位主管下令、或甚至暗示會計部做假帳。我們有三十到四十位律師埋首在這些文件裡，試圖找出任何可以把我們和巴比的不法行爲連在一起的蛛絲馬跡，結果沒有人找到對任何一位被告不利的鐵證。不幸的是，既然我們過去經常與巴比共事，總是會有些間接證據可以拿來自由發揮，解釋成你想要的意思。

這就是我動筆寫《覺醒的你》時的背景。我想告訴其他人，他們正在傾聽腦袋裡那個叨叨不停的聲音，而他們其實有辦法讓自己從中解脫。那才是我這輩子的功課，而不是這齣荒謬的法律鬧劇。我不在乎這個「非眞相」變得多有威脅性，我想要分享一個能夠照亮他人生命的深刻眞相。我全心投入這本書中，到了二〇〇六年底，我和凱倫完成了寫作部分，但接下來還得編輯。我把一份初稿寄給藍迪，想知道他的看法。此外，在做任何可能影響這個案子的事情時，我也必須得到我律師的同意。藍迪非常擔心檢察官會想辦法利用這本書來對付我，如同他們做的其他事情一樣。我告訴他，我願意承擔這樣的風險，特別是我們不知道這個案子的結局會是如何，所以我必須盡快讓這本書出版。討論過可能的風險之後，藍迪讓我自己決定。

讓《覺醒的你》出版這件事很快就做到了。我將一份初稿寄給好友詹姆士．歐迪亞，他是聖堂的信託董事會成員。彷彿生命的完美性也希望促成這件事一樣，詹姆士當時是思維科學研究所的所長，而他們剛和美國最重要的心理學書籍出版商紐哈賓格出版社簽下共同出版協議。他們兩方都讀了書稿，也都很喜歡。鑒於我生活中其他每一件事都正被拖往深淵，看到這些能量流動得如此順暢讓我很驚訝。

《覺醒的你》在二〇〇七年九月出版上市。我避開傳統用來宣傳的巡迴簽書會，也婉拒所有的採訪。我知道宣傳自己的書是作者的責任，尤其是剛上市時，因此我通知紐哈賓格出版社，我會透過網路自己宣傳這本書。我和凱倫想出一個行銷策略，在沒有離開阿拉楚華森林的情況下，我們投入時間和金錢宣傳這本書。結果非常可觀。紐哈賓格出版社印製《覺醒的你》的初刷數量原本足夠支撐一年，結果三個月就賣完了。上市之後，這本書持續暢銷，在國際間也是如此。在這極度黑暗的時期，這本書設法顯化出來，展開雙翼，然後在全世界高飛，掀起十分熱烈的回響。《覺醒的你》實現了它的目的：幫助他人。在巨大的黑暗中，它正在讓光擴散❸。

---

❸ 二〇一二年十一月，《覺醒的你》一書登上《紐約時報》暢銷書榜第一名。

54 美國憲法與權利法案

這不是一堂公民課，是我的人生

這場法律戰役顯然越來越有趣了。一旦拿到公開資料，我們就可以準備辯護。藍迪和辯護團隊做的第一件事，就是要求法官強迫政府縮小訴訟資料的範圍。他們不能只是交給我們數百萬筆電子郵件、文件、電腦檔案，以及好幾年的會計分錄，然後說其中某個地方我們做錯了。如果我們要有機會為自己辯護，主張我們有罪的地方就必須更明確地被指出來。以法律術語來說，這叫要求提出「詳情訴狀」。政府反對，但法官簽署一項命令，強迫檢察官明確指出他們會在審判中提出哪幾宗經銷商收購案和哪些會計分錄。

這些年來看夠了真相被操弄到幾乎讓人認不出本來面目，這是我第一次看見我們有機會針對這件事表達意見。美國司法部是全世界最有權力的機構之一，但它也並非全能，法官有權利否決司法部的看法。我提醒自己，在其他許多國家可不會發生這種事。如果那些國家的政府認定你做錯了某件事，你基本上就完了。既然我必須經歷這場嚴酷考驗，我想盡可能學習跟我們的法律系統有關的事。我問藍迪，到底是什麼給了我們對政府提出這項要求的權利？我愛死他的答案了：憲法。第六修正案說：「被告人應有權提出下列要求……要求獲悉被控的罪名和理由。」這麼多年下來，最高法院的裁決把這項權利的意思解釋爲：如果你收到的公開資料範圍太大，你就有權要求控方提出「詳情訴狀」。

當時我沒有告訴藍迪，但我眞的很感動。有三年的時間，我一直安靜地處於內在深處，看著有權勢的一方相信巴比的謊言，把那些謊言轉變成一股似乎擋不住的破壞力。突然間，我被提醒：那些我不曾見過的人抱持著關心與遠見，確保我擁有這些權利。如果美利堅合眾國要控告麥克・辛格，我有好幾位非常偉大的人站在我這邊——湯瑪斯・傑佛遜、喬治・梅森、詹姆士・麥迪遜，這還只是其中幾位而已。在接下來的幾年裡，我很痛苦地發現，我和黑暗深淵中間只有一份文件：美國憲法。

我回頭把《憲法》從頭到尾讀一遍。從我陷入的困境來看，那些創建美國的人顯然不只建立了一個政府，也保護了居於其下的人民。我在理智上一直很清楚這一點，但現在這件事很個人，非常個人。這不是一堂公民課，而是我的人生。處於這些情況中，《憲法》對我來說再眞實不過了。

整個二〇〇七年，聯合辯護團隊根據政府列在詳情訴狀裡的項目，努力找出所有相關文件。我每個月去華盛頓待幾天開會討論，此外也經常透過電話會議和貝克博茨律師事務所的團隊討論。藍迪幾乎出席所有會議，而他的合夥人凱西．庫柏和其他律師同事則處理大多數的日常工作。

每個律師都被指派分擔一部分的經銷商收購案，以便完整重現，我們則不辭辛勞地仔細檢視每一件交易案。這就像是有把電鑽鑽進了我的自尊。我建立、經營了一家很傑出的公司，我們有很棒的產品、優秀的員工和了不起的客戶，一直做得很成功。但是在經銷商收購案底下，卻滿是髒汙，彷彿看進糞坑裡。巴比一直在盜竊、說謊、操弄，以及控制他周遭的一切，包括我和其他管理階層的人。看到他做的事，眞讓我喘不過氣來。我了解到，這場訴訟不在於巴比做了什麼，而是他有能力找到方法讓我們每個人爲他做的事背上法律責任。我們彷彿陷入陰陽魔界，而我能做的就是盡可能持續放手。我的眞言是：現實就是如此，面對它。我抱持著這樣的態度：在我的人生旅途中，我現在是這支優秀法律團隊的一分子，他們聚在一起的目的就是爲我這個被惡棍陷害的可憐傻瓜辯護。我深吸一口氣、放手，然後積極地在討論的議題上有所貢獻。

我們肯定有了進展。我們發現政府提供的那個存有人們個人電腦檔案的磁碟，被聯邦調查局探員編了不正確的索引。爲了某個理由，聯邦探員只用短短幾個字作爲索引來標示、歸納每個檔案。這些檔案的內容並沒有依照搜尋目的編索引，這絕對嚴重限制了我們搜尋這份重要資料來源的結果。辯護團隊把索引全部編好，找到很多有趣的歷史文件。我們發現了文件的早期初稿和信件，可以直接戳破巴比說的一些謊言。一點一點地，我們正在解開他創造出來的一團混亂。

布萊法官負責審理此案，藍迪跟他的互動相當良好。我們已經出席過許多次審前聽證會，布萊法官同意我們的許多（但不是全部）動議。藍迪發現法官的裁決相當公平，也注意到法官開始感覺政府過分擴張這個案子。從突襲搜查到現在已經過了四年多，事情終於開始出現好轉的跡象。對於藍迪擔任我的首席律師和整個聯合辯護團隊的領導人，我非常有信心。

到了二〇〇八年，謎團開始一件件解開了。藍迪在二月七日通知我，他去做了健康檢查，結果發現一顆腫瘤。那是個惡性腫瘤，醫生決定立刻開刀切除。他們割開他的胸腔，割掉了腫瘤。在這場打到一半的戰役中，我們的主帥倒了下來。

藍迪只離開三、四個星期就回來領導戰役，不過還有個懸而未決的問題：醫生說腫瘤還是有可能復發，他應該考慮接受化學治療。藍迪抱持著最大的希望，決定先看情況如何再說。他回來繼續奮鬥，這是好事，因爲政府一直請求法官排定審判日期。我們則一直告訴法官，鑒於公開資料非常龐雜，我們離準備好還很遠。但是在二〇〇八年六月，法官給了我們審判日：二〇〇九年二月二日。只剩七個月，而我們還有一大堆工作要做，眞的需要一整個軍隊的律師才應付得來。

接近審判日的中途，藍迪的癌症復發了。這一次，他必須接受連續八星期的密集化學治療，而且不確定需要多少復原時間。我回想起吉姆．梅瑟建議我另外找一位律師。他說，最好的辦法是從全美的頂尖律師事務所裡選一位可以只專注在我的案子上的資深合夥人。藍迪原本就是這「最好的辦法」，如今，他違背醫生的建議，認眞考慮賠上自己的健康，等審判結束再開始治療。我清楚地告訴他，我不希望這樣，但他已經決定先等待，視腫瘤成長的速度再做最後決定。藍迪就像個日本武士，終於有機會打一場關於榮譽、眞相和正義的仗，他可不打算爲了一顆小小的腫瘤就棄甲投降。

不幸的是，短短一個月內，藍迪的腫瘤已經長到不需要「做決定」的大小了。我們知道布萊法官堅定裁示不會再將審判日期延後，儘管機會渺茫，藍迪還是要求延期三個月，好讓他可以在開庭時代表我。再一次，憲法又保障了我。提交出去的動議裡援引第六修正案，我有權利要求由律師協助辯護。儘管政府反對延期的動議，但法官考量到，爲了避免藍迪無法及時康復，我已經開始跟其他律師合作，於是他准許了我們的動議。新的審判日定在五個月後的二〇〇九年五月四日，藍迪也開始接受治療了。

到這個時候，我已經和藍迪合作五年多了，他不僅是我的律師和好友，更身兼整個聯合辯護團隊的首席法律戰略家。他是無可取代的。儘管只是以防萬一，但我已承諾法官會另外找律師。我深吸一口氣，臣服於眼前的現實：我必須開始跟新的首席律師合作了。

55 真相和正義最後取得勝利

神的干涉創造了奇蹟

當越來越接近判決的時間，工作量也明顯地更加繁重。二月份，我們進入非常有趣且重要的開庭前聽證會階段：防止偏見申請。這些開庭前的申請給我們機會，質疑政府檢察官要在審判使用的證據，在法律角度看來到底可不可靠。他們提出一個又一個的文件，解釋那些都支持他們對整個案子的說法。我清楚知道許多文件根本不是檢察官費力曲解出的樣子，但若只是斷章取義，就會影響陪審團。我很高興知道法庭解釋我們被賦予公平審判的憲法權利，意思是陪審團不能受到沒有明顯標準或不可靠的證據所影響而產生偏見。換句話說，我們有權利要求法官在審判時排除某些資料。

我們提出一個又一個申請，質疑政府打算在法庭上使用的資料的關連性和可靠性。在許多申請裡，法官贊成我們的質疑。對於政府企圖武斷認定這些文件或是發生事件的含意來創造出所謂的證據，法官終於有所裁定。我沒有出席任何一場審前聽證會，但會檢視所有的動議；當律師出席法庭時，我也會追蹤後續的結果。隨著藍迪的退出，助理律師亞麗．華許會向我報告每日的進度。我對她印象深刻，也看得出來藍迪的缺席正好提供年輕律師絕佳的機會發揮。我樂見在一片漆黑中也打造出某些了不起的事情。

藍迪做完他的化療療程，想要立刻回來工作。儘管治療很順利，他還是得花上幾個月才有氣力回到崗位。三月底的時候，距離審判只剩一個月的時間，而藍迪的復原狀況不是我們唯一需要擔心的事情。因爲二〇〇九年三月二十七日布萊法官宣布由於年齡和健康等因素，他要退出這件案子的審理。我們失去了我們的法官。

這立即引來了各種威脅恫嚇。政府告訴所有的辯護律師，他們最好坐下來跟政府協商認罪協議，因爲他們絕對會在新法官的審判庭裡被擊得潰不成軍。不須多說，布萊法官在過去三年半的時間裡對這案子已經相當熟悉，審理也非常公平；在最後一刻換上新法官的消息實在令人沮喪。在我生命最艱困的階段，我深信能夠保護我的兩股力量——藍迪和布萊法官——已先後退出了。這一連串令人訝異的事件完全在我的控制之外，我沒有其他選擇只能更甘心地臣服。生命似乎走向一個要確保我內心裡所有留存的東西都被丟棄的階段，就如同我多年前祈求的一樣。

沒有人知道接下來會發生什麼事。審判日期肯定會再更改，但沒人知道新日期會在什麼時候或法官是哪一位。我們能做的就是繼續確保自己都準備好了，以防萬一。

首席聯邦地區諾頓法官負責找尋一位可以立刻接下這起長達四個月審判期案子的聯邦法官。同時間，布萊法官繼續主持審前聽證會，我們也持續提出防止偏見申請，效果也很好。最後在找不到替代法官的情況下，諾頓法官決定自己接下這案子。在七月一場聽證會上，我們收到新的審判日定在二〇一〇年的一月十八日，就在五個月之後。因此現任的南卡羅來納的首席聯邦地區法官將會親自聆聽這件案子。每件事情持續滾得越來越大❹。

諾頓法官在二〇〇九年的八月左右接下了審前聽證會。在那時候，藍迪已經完全康復也回到戰場來，他發現諾頓法官相當聰明、知識淵博，也很公正。後來才知道，諾頓法官的裁決風格和布萊法官很近似。到審判日前的那幾個月裡，我們持續在審前聽證會上拆解政府的訴訟。很顯然，這位新法官就跟前任法官一樣，看見了這件控告我們的案子有其薄弱之處。

十月到了，距離審判日只剩三個月，該是時候到查爾斯頓市租房子了。許多年前，我問藍迪，政府後來發現我根本沒有做錯任何事而撤銷了訴訟的可能性，他認爲除了我、約翰·康恩和約翰·賽森斯——執行長、董事長和營運長——之外，政府會撤掉對其他每個人的訴訟。藍迪本來也想把財務長算進來，不過他已經因為癌症病逝了。

我想要確定自己的機率，因此追問藍迪自己是否真的需要神的干涉才能避免這場審判、無罪釋放。他沉吟了一會，回答：「沒錯，這需要神的干涉創造奇蹟出來。」我把這話記在心上，然後便和朵娜前往查爾斯頓租間房子住上四個月。我們把這當成是一場冒險之旅。我們兩人住在聖堂超過三十五年的時間，從來不曾有一次外出長達好幾個星期的時間。當然，我這次離開的時間也有可能會更長久一些。

審判日越來越迫近，事情的發展也如藍迪預料的一樣。政府一個個召喚遭到控訴的次要階層主管，希望在撤掉對他們的控告之前換取有用的資料。當然，他們沒有得到任何資料，我們大夥看到自己的同事安全離開感到開心。現在只剩下三個資深主管要接受二〇一〇年一月十八日的審判。

我在十二月中接到藍迪打來的電話。他透過管道得知，政府突然間想和解。經過打聽之後，藍迪表示檢察官覺得受夠了這整件事，他們想要我退出這案子。有鑒於在審前聽證會上的成功，我們對我這部分深具信心。我告訴藍迪，我要政府撤掉起訴書，而我不會留下任何案底紀錄。如果他們需要事實陳述，我會指出自己一向相信每件事情都是依照標準會計原則進行，但我現在看到巴比做了很不適當的行為。換句話說，我只會把事實眞相說出來。

不知爲何，就在審判前四個星期，也就是距離那次突襲搜查六年的時間，光明驅散了黑暗。政府堅持我自願放棄一張有十二年歷史的股票，是因爲不想被巴比牽涉到的會計錯誤拖累而影響到股價。我很懷疑股票價値會因此受到影響，但若眞是這樣，我也沒想要或是需要這些錢。之後，這場惡夢就跟當初突然出現時一樣莫名地結束了。政府同意撤掉所有控訴我的罪名。

我感覺不到喜樂也感覺不到安慰，只感覺到一種深沉的感恩，感謝眞相到最後勝利了。或許眞有神聖的力量介入，但是眞相贏了。然而，這種感恩之心沉緩下來的原因是約翰．康恩和約翰．賽森斯仍然要接受審判。我的名字在跟這案子有關的文件到處可見，但我看見唯一的錯誤就是巴比和他的黨羽做的那些事情。我知道約翰．康恩和約翰．賽森斯已經盡力做好自己的工作。我和藍迪合作，好讓他和他的團隊可以在審判裡盡可能幫上忙。他們沒辦法直接參與，但可以出席、記下大部分的總結、申請，以及其他後續過程中需要用上的文件。

審判進行得很順利。約翰．康恩的律師是個相當優秀的訴訟律師，他成功地反詰問政府這方面的證人巴比和會計部的情人卡洛琳的證詞。等到政府方提問完所有的證據和證人之後，辯方律師感覺到幾乎每個政府證人的證詞到最後反而對被告是有利的。辯方對於這個案子所有辯詞也說完了，靜候結果。就過去一個半月裡在這法庭發生的種種經過來看，沒有人會覺得政府除了合理懷疑這一點之外，提出了任何具體的犯罪事證。在雙方都不再提出任何證據之後，整個案子落到陪審團身上。

陪審員沒有花很長的時間就完成了討論。經過短短的五、六小時之後，他們宣布大家達成了一致的裁決。鑒於在審判期間呈現的種種過程，討論的時間長度似乎算相當合理。在二〇一〇年的三月一日，陪審團回到法庭，宣讀判決：罪名成立。

辯護一方全愣住了。法官把頭埋進手心裡。發生了什麼事情？審後訪談陪審團之後顯示，這件案子在公開辯論之後幾乎就算是底定了。政府這方面表現出壓倒性的簡單觀點：這公司內部這裡那裡做錯了，使得多數陪審員在當下就決定了想法。對於大多數的陪審員來說，聽到政府這方面的故事就已經夠了。這事實令人很悲哀。我們的法律系統沒有發揮作用，事情真相沒有被挖掘出來，約翰．康恩和約翰．賽森斯等待著判決。

此刻只剩下一線希望。辯護一方提交了申請：基於消滅時效原則而駁回裁決，而法官對這項申請尚未裁定。二〇一〇年三月二十七日，審判過後也近三個月了，諾頓法官發布他的裁決，駁回起訴約翰．康恩和約翰．賽森斯的整個案子。裁決書顯示，法官抓住機會一次又一次地斥責政府在這案子裡的行徑。在其他的控訴裡，他也質問政府爲什麼要在起訴龐大的人數五年之後，於審判前夕突然撤掉所有的起訴罪名。諾頓法官指出，這行爲已經令辯護一方在審判前的花費超過一億九千萬美元。

我很高興約翰．康恩和約翰．賽森斯獲得自由，也不會有任何案底紀錄。我也爲至少有人注意到這整件事的荒謬而感到鼓舞。但整件事情尚未完全落幕，政府有權利對法官的駁回決定申請上訴。爲了防止出現這情形，辯護一方提出重新審判的申請。這項申請是建立在認爲陪審團犯錯的大膽論點上：審判時提出的證據分量不足以支持裁決。二〇一一年一月十九日，距離審判幾乎要隔了一年之後，完整的眞相終於得以撥雲見日。在這一天，諾頓法官對於重新審判的申請簽名確定，這套司法系統發揮作用了。眞相和正義最後會取得勝利。

自從巴比走進查爾斯頓的聯邦檢察官辦公室，開始他的謊言之路後，時間過了七年。那張謊言之網一度起了作用，把所有事情羅進織網。不過它卻沒能蒙騙過南卡羅來納的首席法官，諾頓法官出席了整場審判，聽到所有的證詞。陪審團或許願意接受政府的故事當成事實眞相，而不需要檢察官負起舉證的責任，但是法官可不這麼認爲。爲了避免他的駁回命令被駁回，諾頓法官不僅同意辯方提出重新審判的申請，還在長達十九頁的意見書上狠狠把政府這件起訴案批評一番。他說政府並沒有證明這些管理階層人員之間有任何的陰謀，相反地，證據反而顯示醫療經理的管理階層相信會計帳冊紀錄正確無誤。他發現政府的主要證人巴比和卡洛琳不可信賴，卡洛琳明顯只是在附應巴比的證詞罷了。

我懷著敬畏和寬慰之心讀了諾頓法官的裁決。一切都結束了。到頭來，這位最重要的人看穿了種種喧鬧，辨識出了眞相。我不知道法官可以擱置陪審團的裁決，就因爲他相信審判時提出的證據分量不足以支持裁決。諾頓法官清楚地表示了，自己不僅有權利把裁決擱置一旁，也有義務這麼做。這是憲法發揮價值的重要時刻，要保護人民不受政府戕害。但是啊，它終究也只是一份文件。法官才是唯一可以喚醒這份保護的代理人。在我看來，這案子裡的兩位法官都是英雄。這告訴了我們，爲何政府創立個別單位相互制約制衡的制度如此重要。這些法官發誓要維護憲法，也都無私地做到了❺。

---

❹ 値得一提的是，早幾年前提交控告案的南卡羅來納州聯邦檢察官已經離職，華盛頓的司法部基本上接管了整件案子。

❺ 針對諾頓法官駁回這起訴案，政府決定不上訴。最後，所有被起訴的醫療經理主管安全地全身而退。

56 回到最初

臣服中沒有糟糕的體驗

事件落幕後，生命的旋風把我放回一開始我被捲起的地方。四十年過後，我仍然住在自己當年搬到森林裡隱居靜心的屋子裡。每天早晚我仍然到聖堂與大家一起靜心，以及參加從一九七二年就開始的每週日大型聚會。但是原本只擁有十英畝田野的聖堂，如今已被其他九百英畝連綿不絕的田野和美麗森林圍繞，而生命讓我們管理這方園地。經歷了這整個與宇宙之流共舞的震盪之後，我生命的根基仍然堅固完好。

這場法律磨難像是一場夢，在我的記憶中很快淡出，就跟其他事物一樣來了又去。我清楚看見，正因爲我往內臣服於自己走的每一步路，心靈沒有留下任何傷疤。這就像在水上寫字一樣，所有的印象只停留在事件發生的當下。然而在切身體驗的時刻裡，生命的每一個曲折和轉彎都伸向了我內心深處，促使自己超越根本的恐懼和個人的極限。只要我願意接受生命之流的淨化力量，自己便會不斷從另一端走出來，進而轉化。當這件事在我內心創造了美麗和自由，我又怎麼能夠把它想成是糟糕的經驗呢？相反地，自從我開始這項接受與臣服的實驗之後，便以敬畏的心看待所有發生過的事。

有一件事是肯定的：在這趟旅程裡被遺落的那個自己，不會再回來了。生命之流就像砂紙，把我從「自我」當中解脫出來。由於無法把自己從心靈無止境的拉力中解開來，我絕望地把自己丟進生命的懷抱裡。從那一刻之後，我盡力完成來到眼前的事情，不去理會心裡翻攪的各種情緒。喜悅痛苦、成功失敗、讚美詆毀……全都拉扯著我內心根深柢固的一切。我越放手，就越感到自由。我的責任不在找出是什麼綁住了我，那是生命的工作。我的責任是心甘情願地捨棄所有在我內心裡翻湧升起的一切。

這些年看遍了許多事，「向生命臣服」是我唯一留下的東西。我不再忙著制訂計畫，而是安住在與日俱增的寧靜生活裡，在當中我又找到了自己。我很快地就認清楚，生命給我絕佳的環境來寫這本書。我一坐下來，靈感便如潮汐源源不絕地湧來。我開始寫出自己知道必須要寫出來的東西：當我放手之後，會發生什麼事情。

人們時常問我，經歷過去四十年來各種改變生命的故事之後，自己現在如何看待世事。我告訴他們讀讀《覺醒的你》吧。我怎麼可能解釋得出來內心深處了知生命在幹麼的那種暢快自由感？唯有當你親身體驗才能到達那境地。在某個程度來說，不再掙扎，臣服於遠超乎你所理解的完美之後，你會得到極度的寧靜。最終，甚至連理智都不再抵抗，心靈不再閉鎖。喜悅、興奮和自由來得如此輕易而無法放棄。一旦你決定要捨棄「自我」，生命會成爲你的朋友、你的導師、你的祕密戀人。當生命的道路成爲你的道路，所有的喧鬧干擾停止了，只剩下無邊的寧靜。

在此我要向所有我們稱爲「生命」的人生體驗致上無盡的感謝……

Eurasian Publishing Group
圓神出版事業機構
用心與你對話・視野無限寬廣
方智出版社
Fine Press

www.booklife.com.tw reader@mail.eurasian.com.tw

新時代系列 179

臣服實驗：從隱居者到上市公司執行長，放手讓生命掌舵的旅程

作　　者／麥克・辛格（Michael A. Singer）
譯　　者／劉嘉路
發 行 人／簡志忠
出 版 者／方智出版社股份有限公司
地　　址／台北市南京東路四段50號6樓之1
電　　話／（02）2579-6600・2579-8800・2570-3939
傳　　真／（02）2579-0338・2577-3220・2570-3636
總 編 輯／陳秋月
資深主編／賴良珠
責任編輯／黃淑雲
校　　對／黃淑雲・賴良珠
美術編輯／金益健
行銷企畫／吳幸芳・陳禹伶
印務統籌／劉鳳剛・高榮祥
監　　印／高榮祥
排　　版／陳采淇
經 銷 商／叩應股份有限公司
郵撥帳號／18707239
法律顧問／圓神出版事業機構法律顧問　蕭雄淋律師
印　　刷／祥峯印刷廠
2017年2月　初版
2024年7月　32刷

定價 320 元　　ISBN 978-986-175-446-8　

你本來就應該得到生命所必須給你的一切美好！
祕密，就是過去、現在和未來的一切解答。

——《The Secret 祕密》

國家圖書館出版品預行編目資料

臣服實驗：從隱居者到上市公司執行長，放手讓生命掌舵的旅程／麥克・辛格（Michael A. Singer）著；劉嘉路譯. -- 初版. -- 臺北市：方智，2017.02
320面；14.8×20.8公分. --（新時代系列；179）
譯自：The Surrender Experiment: My Journey into Life's Perfection
ISBN 978-986-175-446-8（平裝）
1.人生哲學 2.靈修

191.9 105022006